おでかけポケット図鑑《ずかん》

日本《にほん》のこびと大全《たいぜん》

―山《やま》や森林《しんりん》編《へん》―

なばたとしたか さく

ロクリン社

もくじ

知《し》っておきたいコビトの基《き》礎《そ》知《ち》識《しき》

●トウチン

頭《あたま》についている大切《たいせつ》な器官《きかん》です。どのコビトにもついていて、ものを食《た》べる、空《そら》を飛《と》ぶ、狩《か》りをする、呼吸《こきゅう》をするなど、その役割《やくわり》や形《かたち》はさまざまです。

トウチンは、コビトにとってひじょうにデリケートな部分《ぶぶん》だということを覚《おぼ》えておきましょう。

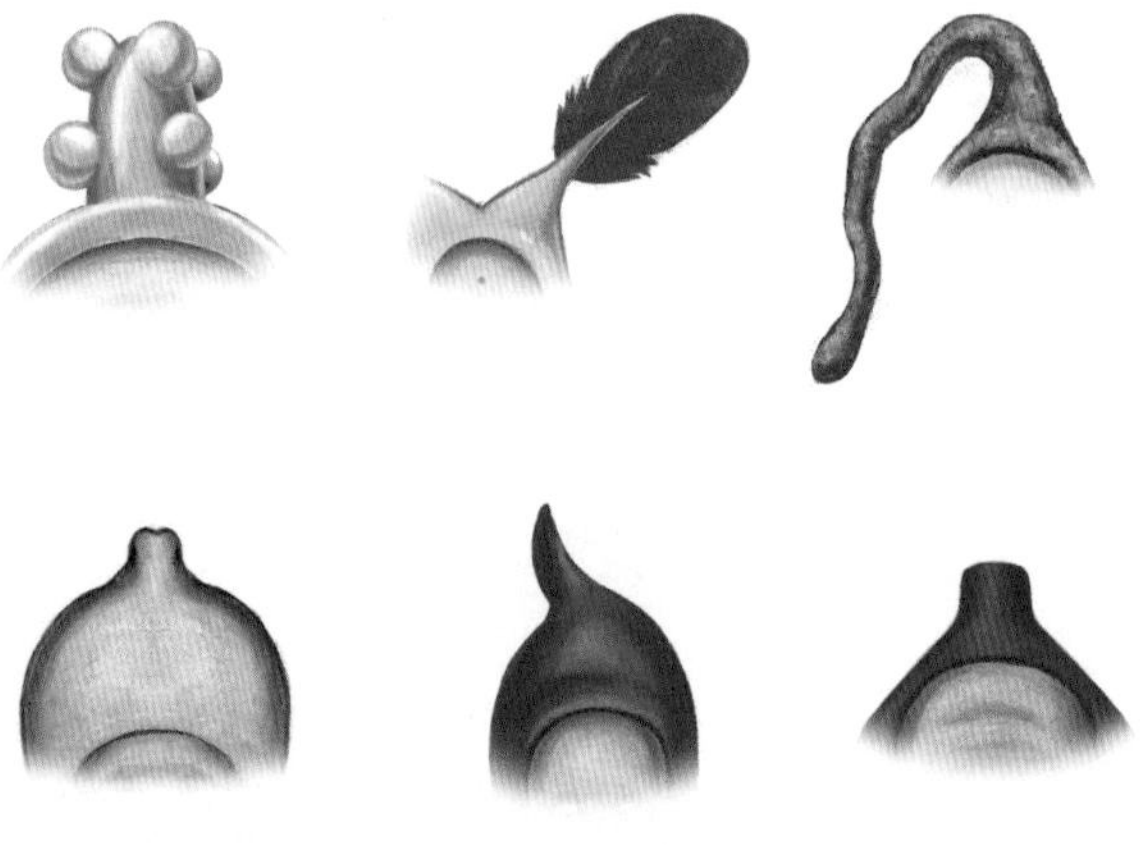

●体長《たいちょう》について

トウチンが長《なが》いコビトは、同《おな》じ種《しゅ》類《るい》同士《どうし》でも個体《こたい》によって長《なが》さがちがったり、また中《なか》には伸《の》びたりして、はっきりした長《なが》さがわからないものがいます。そういうコビトの場合《ばあい》は、（トウチンは含《ふく》まない）と表記《ひょうき》しています。トウチンが短《みじか》く、体長《たいちょう》がわかりやすいコビトには、その表記《ひょうき》はありません。

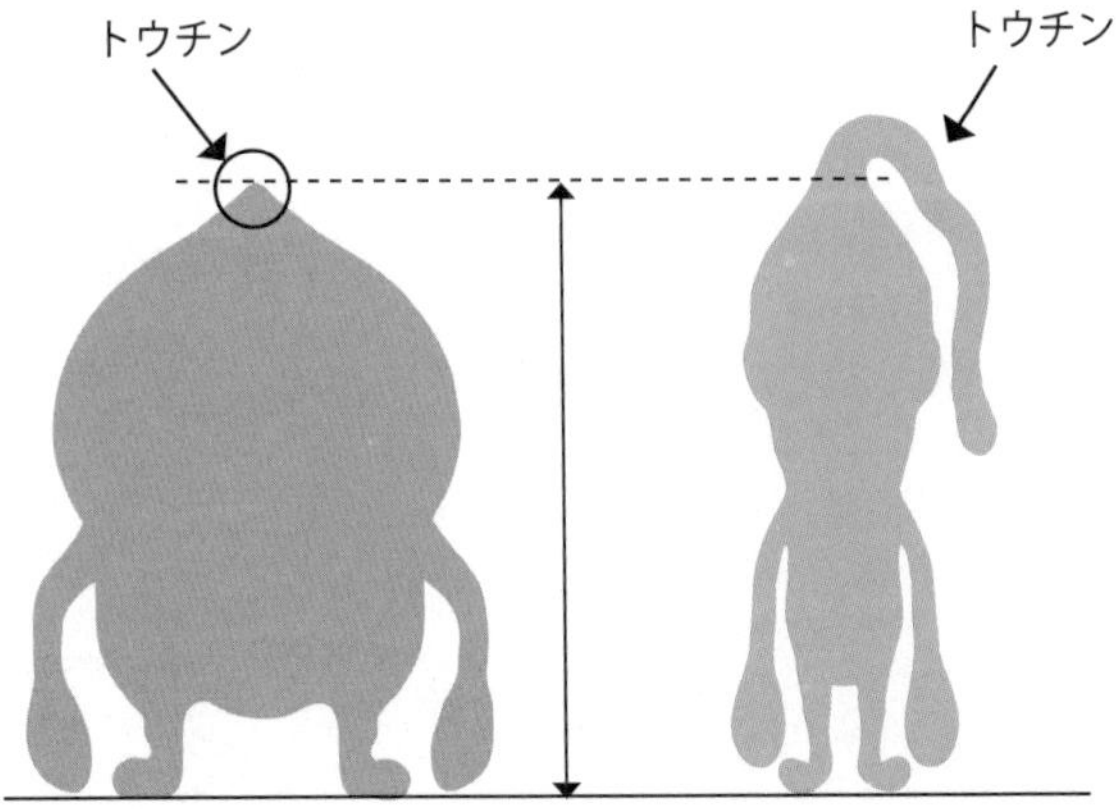

（トウチンは含《ふく》まない）

●ヨウニン期《き》・セイニン期《き》

コビトには、成長《せいちょう》するにつれて姿《すがた》や習性《しゅうせい》を変《か》えるものがいます。こうしたコビトは、子《こ》ども時代《じだい》を「ヨウニン期《き》」、おとな時代《じだい》を「セイニン期《き》」と区別《くべつ》して呼《よ》んでいます。

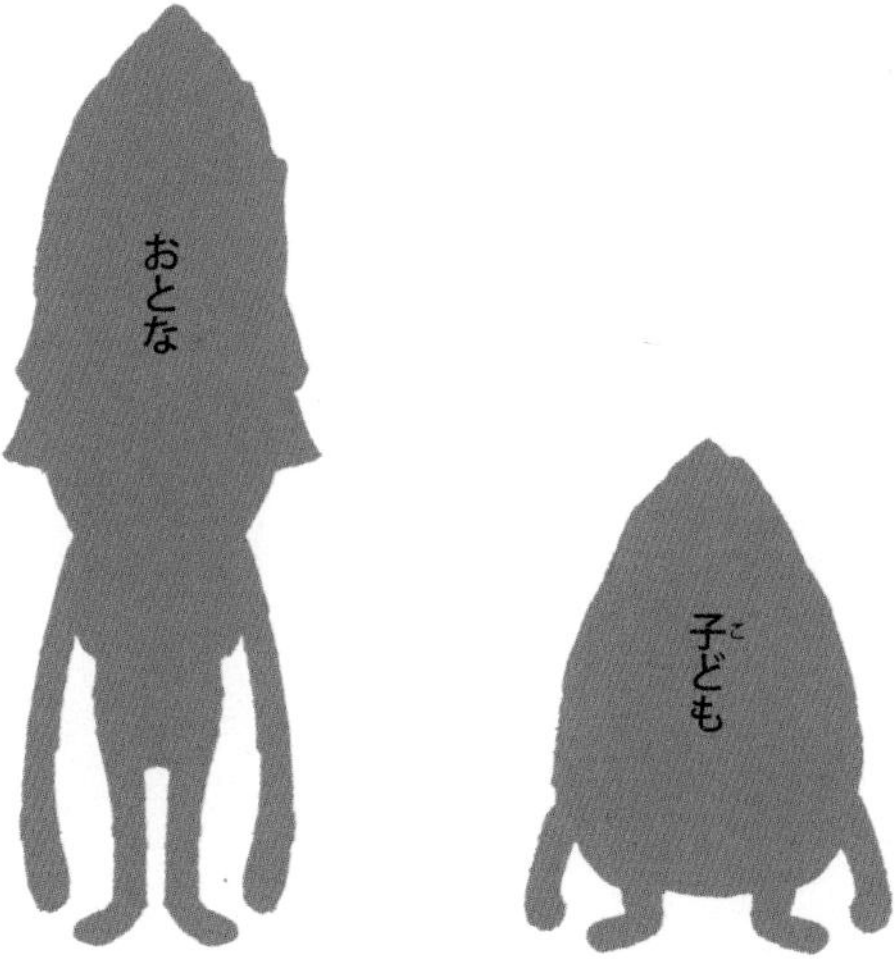

セイニン期《き》　ヨウニン期《き》

●コウモン（幸紋《こうもん》）

一部《いちぶ》のコビトの額《ひたい》に見《み》られるほくろのような斑紋《はんもん》です。「幸《しあわ》せの紋章《もんしょう》」といわれ、これをもつコビトに出会《であ》うと、よいことがあるといわれています。

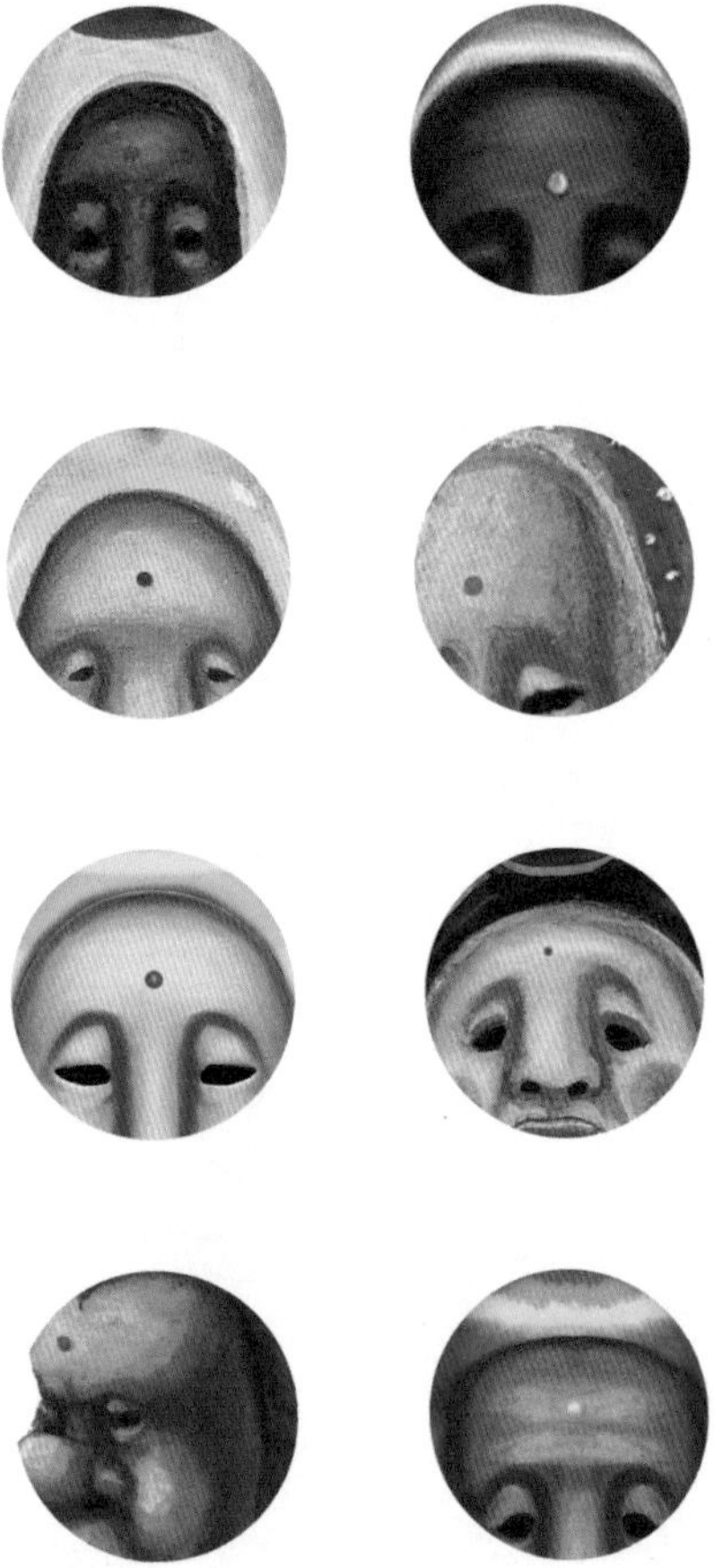

●オスとメス

コビトにオスとメスがあるのか、実《じつ》はまだわかっていません。どうやって子《し》孫《そん》を残《のこ》しているのか、いまだ謎《なぞ》のままです。

●変《へん》態《たい》

コビトの中《なか》には手《て》足《あし》などを折《お》りたたみ、姿《すがた》を変《か》えるものがいます。この習《しゅう》性《せい》を「変《へん》態《たい》」と呼《よ》んでいます。

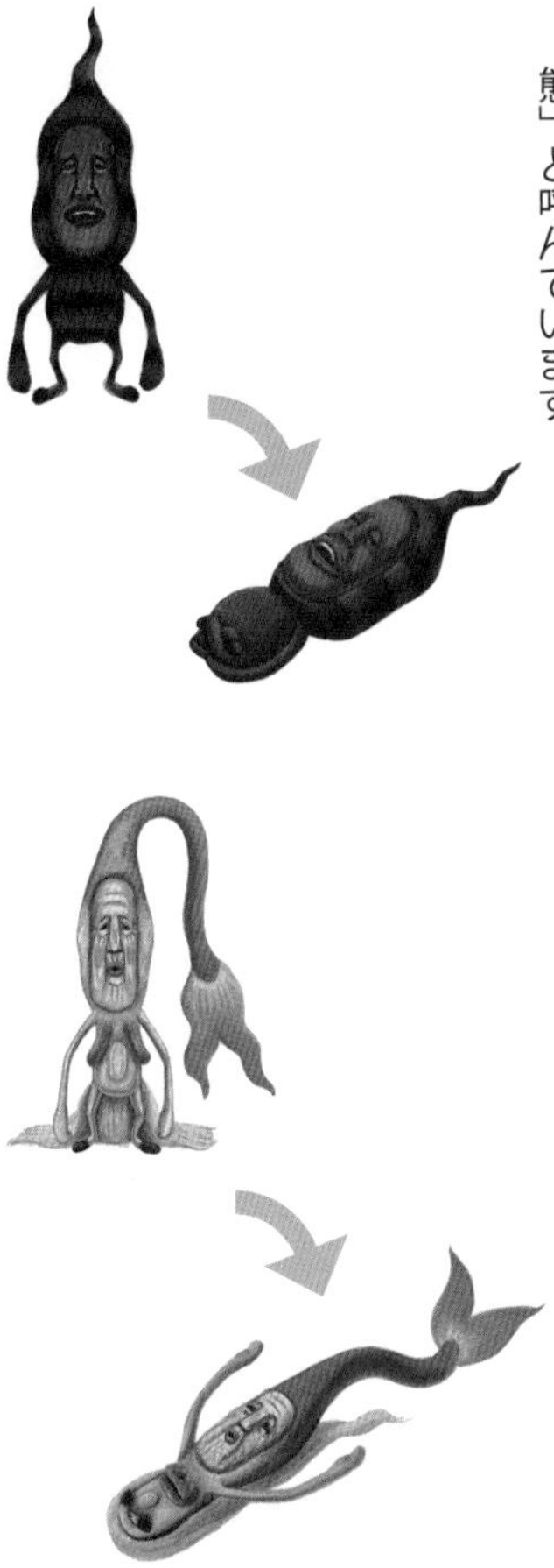

はじめに

日本《にほん》では、多《おお》くのコビトたちが自然《しぜん》の中《なか》でひっそりとくらしています。ただやみくもに探《さが》しても、なかなか姿《すがた》を現《あらわ》してはくれません。まずは、コビトたちの生態《せいたい》や習性《しゅうせい》をよく理解《りかい》することが大切《たいせつ》です。また、コビトを見《み》つけてもむやみに捕《つか》まえることはせず、そっと観察《かんさつ》するようにしましょう。コビトの中《なか》には毒《どく》をもっていたり、どう猛《もう》な性格《せいかく》のもの、または刺激《しげき》に弱《よわ》いコビトもいます。コビトの知識《ちしき》を身《み》につけて、うかつに手《て》を出《だ》さないようにしましょう。

「風《かぜ》もないのに草《くさ》がゆれた」「地面《じめん》に穴《あな》が空《あ》いている」「家《いえ》の中《なか》に木《き》の葉《は》が落《お》ちている」などは、もしかしたらコビトのしわざかも知《し》れません。日常《にちじょう》のくらしの中《なか》で不思議《ふしぎ》に思《おも》ったことがあれば「もしかして……」と、想像《そうぞう》してみてください。新種《しんしゅ》コビトの発見《はっけん》につながるかもしれません。

第一章《だいいっしょう》　木《き》の上《うえ》のコビトたち

豊《ゆた》かな緑《みどり》と複雑《ふくざつ》な地形《ちけい》で形成《けいせい》される日本《にほん》の山《やま》や森林《しんりん》地帯《ちたい》は、たくさんの生《い》き物《もの》がくらしています。草《くさ》や樹木《じゅもく》の葉《は》陰《かげ》、木《き》の根《ね》っこ、岩《いわ》のすき間《ま》、地《ち》中《ちゅう》から高《たか》い木《き》にいたるまで、昆《こん》虫《ちゅう》や小動物《しょうどうぶつ》、鳥《とり》などが一生懸命《いっしょうけんめい》に生《い》きているのです。多種多様《たしゅたよう》な生物《せいぶつ》とともに、コビトたちはどのようにくらしているのでしょう？　まずはじめに、木《き》の上《うえ》でくらす代《だい》表的《ひょうてき》な森《もり》のコビトを紹介《しょうかい》することにしましょう。

モクモドキオオコビトのなかま

体《からだ》を周囲《しゅうい》の木《き》と同化《どうか》させ、カモフラージュを得意《とくい》とする大型《おおがた》の森《もり》のコビトです。脱皮《だっぴ》をしながら成長《せいちょう》し、また必《かなら》ずトウチンの先《さき》が木《き》の葉《は》のような形《かたち》になっているのも、このなかまの特徴《とくちょう》です。木《き》の実《み》や昆虫《こんちゅう》を食《た》べます。素手《すで》で触《さわ》るとかぶれることがあるので、注意《ちゅうい》が必要《ひつよう》です。

モクモドキオオコビト

体《たい》長《ちょう》15～20㎝（トウチンは含《ふく》まない）

あごの力《ちから》が強《つよ》く、硬《かた》い木《き》の実《み》もかんたんにくだいてしまいます。リスが大好《だいす》きで、木《き》のうろに巣《す》を作《つく》りリスをむかえ入《い》れる習性《しゅうせい》があります。リスを守《まも》り、世話《せわ》をしてくらすことで有名《ゆうめい》なコビトです。

リスとなかよく木《き》の実《み》を分《わ》け合《あ》う。

モクモドキオオコビトの特徴《とくちょう》

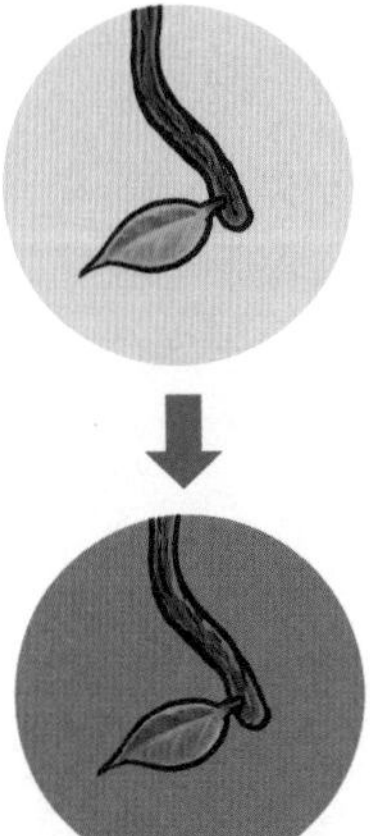

成長《せいちょう》の仕方《しかた》

モクモドキオオコビトのなかまは、脱皮《だっぴ》をしながら成長《せいちょう》するコビトです。トウチンの先《さき》が茶色《ちゃいろ》くなったら、それは脱皮《だっぴ》の合図《あいず》です。脱皮後《だっぴご》のトウチンの先《さき》は、また緑色《みどりいろ》にもどっています。

身《み》の守《まも》り方《かた》

モクモドキオオコビトのなかまは、カモフラージュの達人《たつじん》です。主《おも》な天《てん》敵《てき》は鳥《とり》ですが、周囲《しゅうい》の樹《じゅ》木《もく》と体《からだ》の色《いろ》を同化《どうか》させてしまうので、木《き》にへばりついたらもう見分《みわ》けがつきません。

モクモドキオオコビトのなかまが、鳥《とり》の中《なか》でもいちばん緊張《きんちょう》するのはキツツキです。なぜなら、木《き》に穴《あな》を開《あ》ける習性《しゅうせい》のあるキツツキにとって、そこにモクモドキオオコビトがいようがいまいが、おかまいなしだからです。木《き》とまちがえられて突《つ》っつかれてしまうことは、モクモドキオオコビトにとっては命《いのち》とりになってしまうのです。

また、リスとくらすモクモドキオオコビトは、リスのためならどんな相手《あいて》でも勇敢《ゆうかん》に立《た》ち向《む》かっていく習性《しゅうせい》があります。リスに襲《おそ》いかかるフクロウに対《たい》し、木《き》の実《み》を投《な》げて撃退《げきたい》したという事例《じれい》があります。

カエデモドキ

体《たい》長《ちょう》15～20㎝（トウチン は含《ふく》まない）

カエデ科《か》の木《き》にせいそくしています。木《き》の実《み》や昆虫《こんちゅう》も食《た》べますが、いちばんの好物《こうぶつ》はカエデから出《で》る甘《あま》い樹液《じゅえき》です。カエデモドキの脱皮後《だっぴご》の抜《ぬ》け殻《がら》を絞《しぼ》ると、甘《あま》い汁《しる》が出《で》てきます。これは良質《りょうしつ》の甘味《かんみ》料《りょう》となるため注目《ちゅうもく》が集《あつ》まっていますが、めったに手《て》に入《はい》りません。モクモドキオオコビトと同様《どうよう》に、リスとくらす習性《しゅうせい》があります。

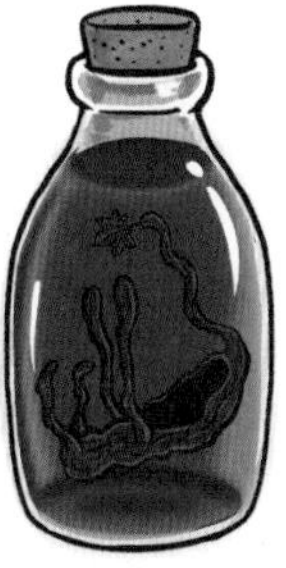

抜《ぬ》け殻《がら》をつけたシロップは
絶品《ぜっぴん》の味《あじ》わい。

モクモドキオオコビトよりも、
リスとなかよくなるのが早《はや》い。

シラカバモドキ

体長《たいちょう》15～20㎝（トウチンは含《ふく》まない）

シラカバに住《す》み昆虫《こんちゅう》や木《き》の実《み》を食《た》べていますが、シラカバに寄生《きせい》するコブ状《じょう》のキノコ「カバノアナタケ」を見《み》つけると夢《む》中《ちゅう》でそれを食《た》べてしまいます。それは、シラカバの栄養分《えいようぶん》を奪《うば》ってしまうこのキノコを駆除《くじょ》するためです。また、同《おな》じシラカバにくらすシラカバブー（170ページ参照《さんしょう》）と似《に》ていますが、まったくの別種《べっしゅ》です。

カバノアナタケには健康効《けんこうこう》果《か》がある。「森《もり》のダイヤモンド」ともいわれるほど貴《き》重《ちょう》なものだ。

シラカバを守《まも》るため、まずくても食《た》べるシラカバモドキ。

エダモドキオオコビト

体《たい》長《ちょう》20～25㎝（トウチンは含《ふく》まない）

体《からだ》もトウチンも、異様《いよう》に細長《ほそなが》い姿《すがた》をしています。他《ほか》のなかまは木《き》に張《は》りついてカモフラージュをするのですが、このエダモドキオオコビトは、その特徴的《とくちょうてき》な体《からだ》を木《き》の枝《えだ》に見《み》せかけ、姿《すがた》をくらましてしまいます。

枝《えだ》になりすましてじっとしている。こうなるともう見分《みわ》けはつかない。

ケシキナジミ

体長《たいちょう》10～15㎝（トウチンは含《ふく》まない）

木《き》に張《は》りつかなくても、周囲《しゅうい》の景色《けしき》によって体《からだ》の色《いろ》を変化《へんか》させるという技《わざ》をもっています。時《とき》には天敵《てんてき》にしのび寄《よ》り、驚《おどろ》かせて撃退《げきたい》してしまうこともあるようです。動《うご》きもすばやく、つねに森《もり》じゅうを自由《じゆう》に動《うご》き回《まわ》っていて、まさに森《もり》の忍《にん》者《じゃ》といっても過言《かごん》ではありません。

音《おと》も立《た》てずにしのび寄《よ》り、

びっくりさせる！

ウルシカブレ

体長《たいちょう》15～20㎝（トウチンは含《ふく》まない）

ウルシの木《き》にせいそくしています。3本《ぼん》の前歯《まえば》で木《き》の表面《ひょうめん》に傷《きず》をつけ、にじみ出《で》てきた樹液《じゅえき》を体《からだ》に塗《ぬ》りたくる習性《しゅうせい》があります。なぜそうするのか、わかっていません。また脱皮《だっぴ》をくり返《かえ》すごとに、顔《かお》につやが出《で》てきます。肌《はだ》の敏感《びんかん》な人《ひと》は、ウルシカブレに近《ちか》づいただけでかぶれてしまうので、注意《ちゅうい》が必要《ひつよう》です。

全身《ぜんしん》に樹液《じゅえき》を塗《ぬ》るウルシカブレ。

特徴的《とくちょうてき》な3本《ぼん》の前歯《まえば》。

第《だい》二《に》章《しょう》　昆《こん》虫《ちゅう》と関《かか》わりのあるコビトたち

コビトの中《なか》には、昆虫《こんちゅう》のような姿《すがた》をしたものがたくさんいます。それは、ちょっと見《み》ただけではコビトとわからないくらい、みごとなまでの擬態《ぎたい》ぶり。ちゃっかり昆虫《こんちゅう》になりすまして、いったい彼《かれ》らはどんなくらしをしているのでしょう？　木《き》の葉《は》をそっとかき分《わ》けて、不思議《ふしぎ》な生態《せいたい》をこっそりのぞいてみましょう。

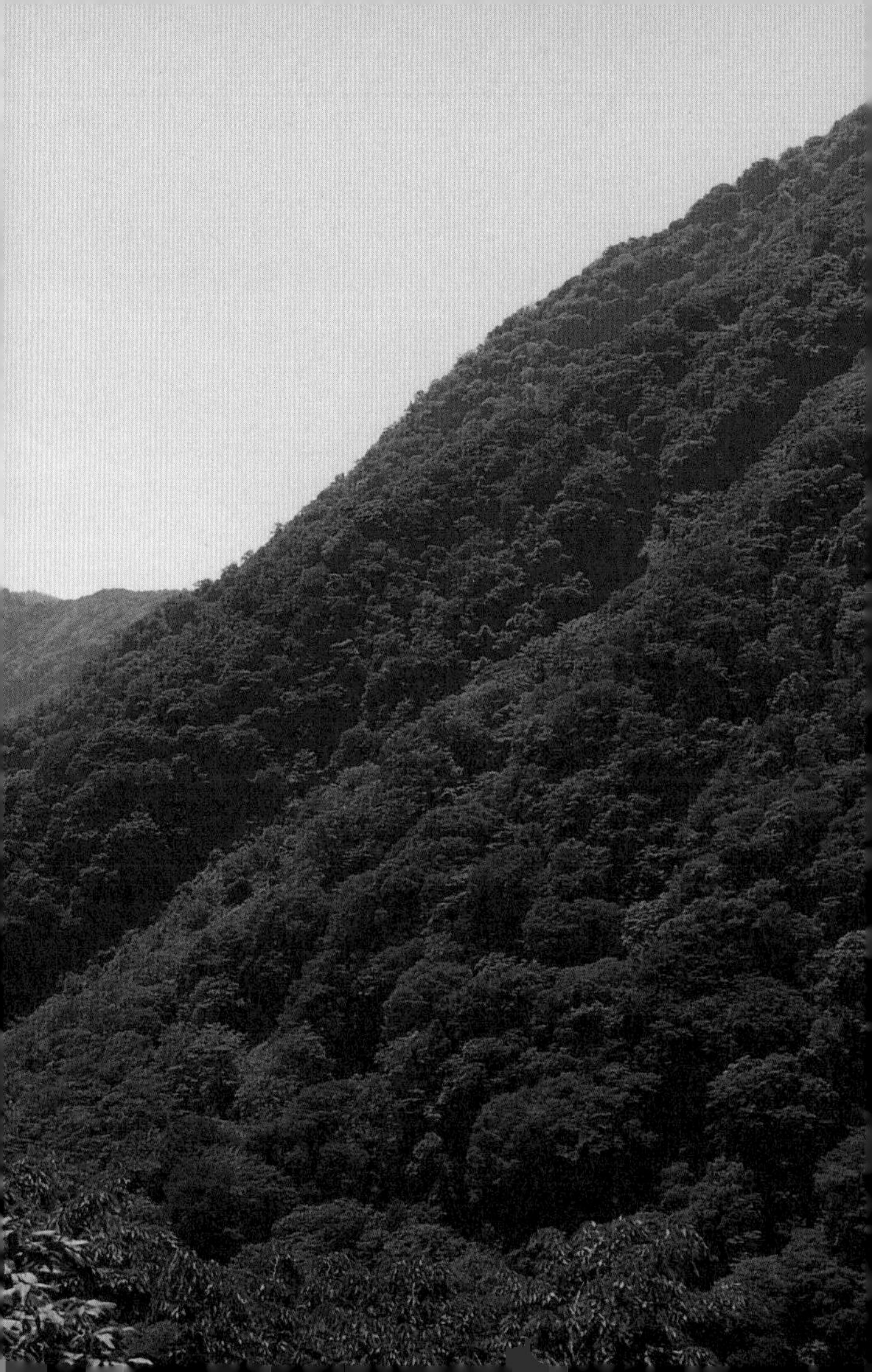

カブトヨソオイのなかま

「カッチュウ」という硬《かた》い外殻《がいかく》を身《み》にまとい、カブトムシに似《に》せた姿《すがた》をしています。カブトムシの前足《まえあし》に当《あ》たる部分《ぶぶん》、頭部《とうぶ》から出《で》ている2本《ほん》の腕《うで》のようなところがカブトヨソオイのトウチンです。樹液《じゅえき》が好物《こうぶつ》で、エサ場《ば》をめぐり、他《ほか》の昆虫《こんちゅう》やコビトと争《あらそ》うことがあります。また樹液以外《じゅえきいがい》に、木《き》の実《み》や樹皮《じゅひ》も食《た》べています。

カブトヨソオイ

体《たい》長《ちょう》12〜15㎝（トウチンは含《ふく》まない）

クヌギやコナラの木《き》によく現《あらわ》れます。後《うし》ろ姿《すがた》は、オスのカブトムシと見分《みわ》けがつきません。鳥《とり》などの外敵《がいてき》に捕《つか》まると、自《みずか》らカッチュウを脱《ぬ》いで逃《に》げる特技《とくぎ》をもっています。カッチュウを脱《ぬ》ぐことを「ダッチュウ」と呼《よ》んでいます。

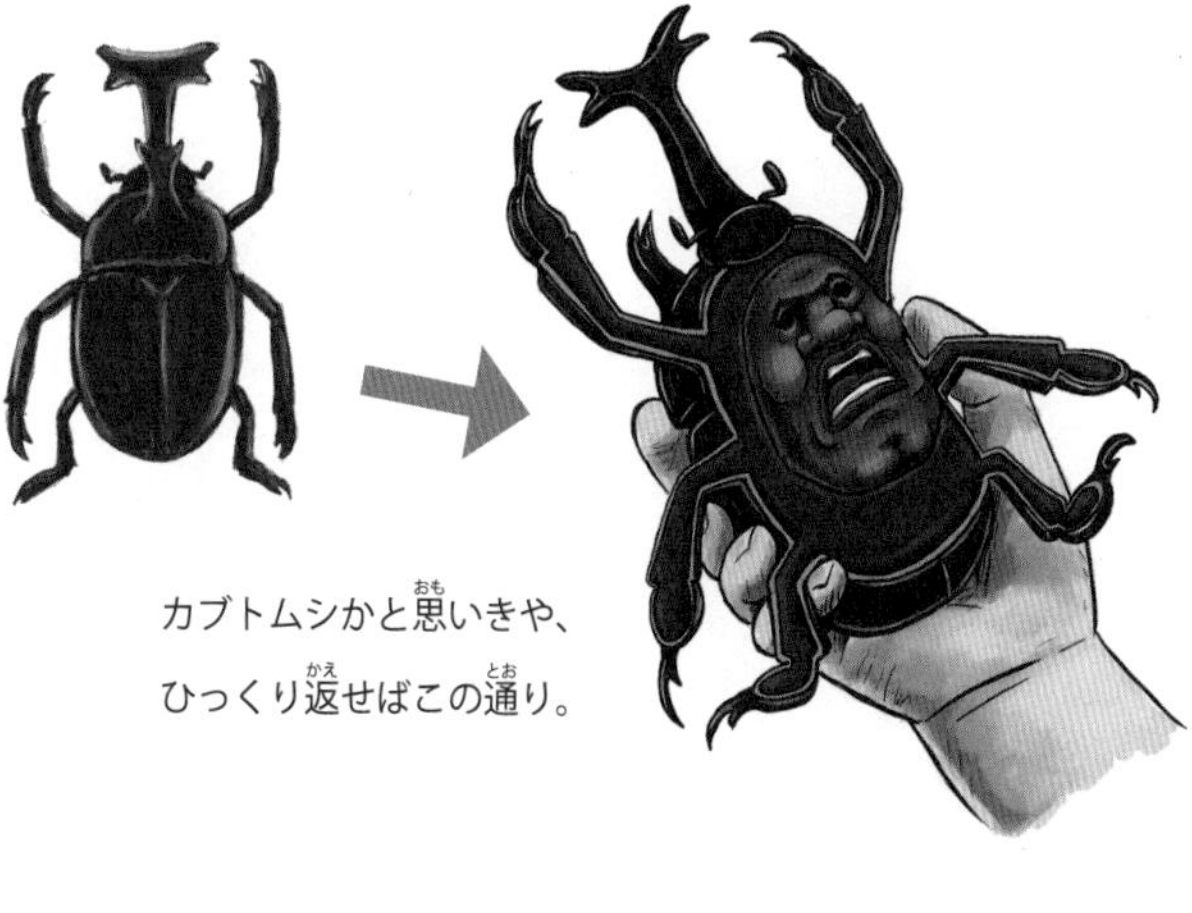

カブトムシかと思《おも》いきや、ひっくり返《かえ》せばこの通《とお》り。

カブトヨソオイの不思議《ふしぎ》な習性《しゅうせい》

カッチュウの役割《やくわり》

カッチュウは、鳥《とり》などの外敵《がいてき》から身《み》を守《まも》るよろいかぶとの役割《やくわり》がありますが、絶体絶命《ぜったいぜつめい》のピンチの時《とき》は、自《みず》からカッチュウを脱《ぬ》ぎ捨《す》てて逃《に》げ出《だ》します。カッチュウを脱《ぬ》ぐことを「ダッチュウ」と呼《よ》んでいます。

ダッチュウして危機《きき》から脱出《だっしゅつ》！

カブトヨソオイのなかまは、寒《さむ》くなるとダッチュウして土《つち》にもぐり冬眠《とうみん》します。この時《とき》、栄養豊富《えいようほうふ》なカッチュウは、きれいに残《のこ》さず食《た》べてしまいます。カッチュウは、時間《じかん》がたつと再生《さいせい》されます。

カッチュウは栄養満点《えいようまんてん》。

魅惑《みわく》のスプレー

カブトムシの前足《まえあし》に見《み》える部分《ぶぶん》、頭部《とうぶ》から出《で》ている2本《ほん》の腕《うで》のようなところがトウチンです。トウチンからは、カブトムシのメスを虜《とりこ》にする特殊《とくしゅ》な液《えき》「トリコロールG《ジー》－56」を噴射《ふんしゃ》し、たくさんのメスを引《ひ》き寄《よ》せます。虜《とりこ》になったメスたちはカブトヨソオイを集団《しゅうだん》で守《まも》り、樹液《じゅえき》に集《あつ》まる他《ほか》の昆虫《こんちゅう》たちを寄《よ》せつけません。カブトヨソオイのなかまは、エサ場《ば》を独《ひと》り占《じ》めするためにこの技《わざ》を使《つか》うのです。

2本《ほん》のトウチンから、トリコロールG《ジー》-56を噴射《ふんしゃ》！

大勢《おおぜい》のメスに守《まも》られ、優雅《ゆうが》に樹液《じゅえき》をなめるカブトヨソオイ。

カブトヨソオイH《エイチ》型《がた》

体長《たいちょう》20㎝（トウチンは含《ふく》まない）

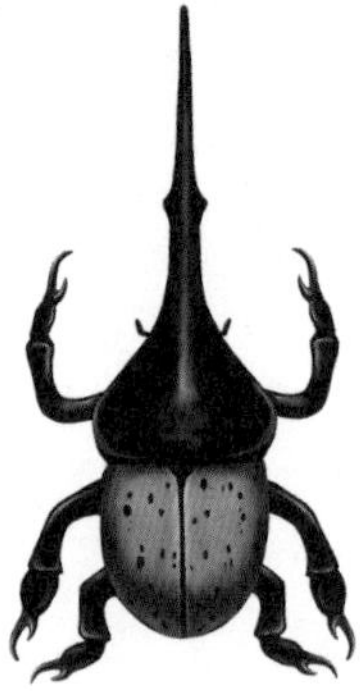

カブトヨソオイのなかまでいちばん大《おお》きく力《ちから》も強《つよ》いのが、このH型《エイチがた》です。りっぱで堂々《どうどう》としたカッチュウをまとい、めったなことではダッチュウはしません。またトリコロールG《ジー》－56を噴射《ふんしゃ》する力《ちから》もすごく、空中《くうちゅう》に噴霧《ふんむ》するだけで広範囲《こうはんい》にわたって多《おお》くのメスを虜《とりこ》にしてしまいます。

いともかんたんに森中《もりじゅう》のメスを虜《とりこ》にしてしまう。

カブトヨソオイC《シー》型《がた》

体《たい》長《ちょう》16cm（トウチンは含《ふく》まない）

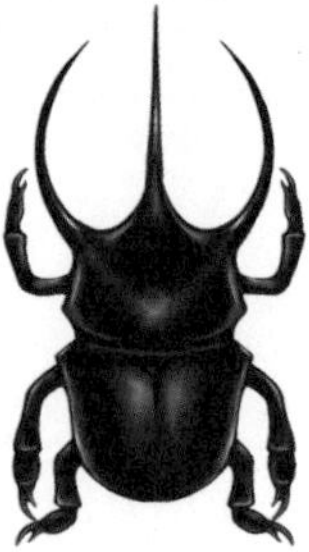

3本《ぼん》の鋭《するど》い角《つの》をもっています。気《き》が荒《あら》く、他《ほか》のカブトヨソオイや昆虫《こんちゅう》に出《で》くわすと威嚇《いかく》します。どういうわけかカブトヨソオイH型《エイチがた》に対《たい》しては、特《とく》に好戦的《こうせんてき》な態度《たいど》をとります。また、なぜかトリコロールG《ジー》－56の効果《こうか》がとても弱《よわ》く、あまりメスを集《あつ》めることはできません。むしろ、どちらかといえばカブトムシのメスにきらわれている傾向《けいこう》にあるようです。

カブトヨソオイH型《エイチがた》とは反《そ》りが合《あ》わない。

カブトヨソオイ Z《ゼット》型《がた》

体長《たいちょう》15cm（トウチンは含《ふく》まない）

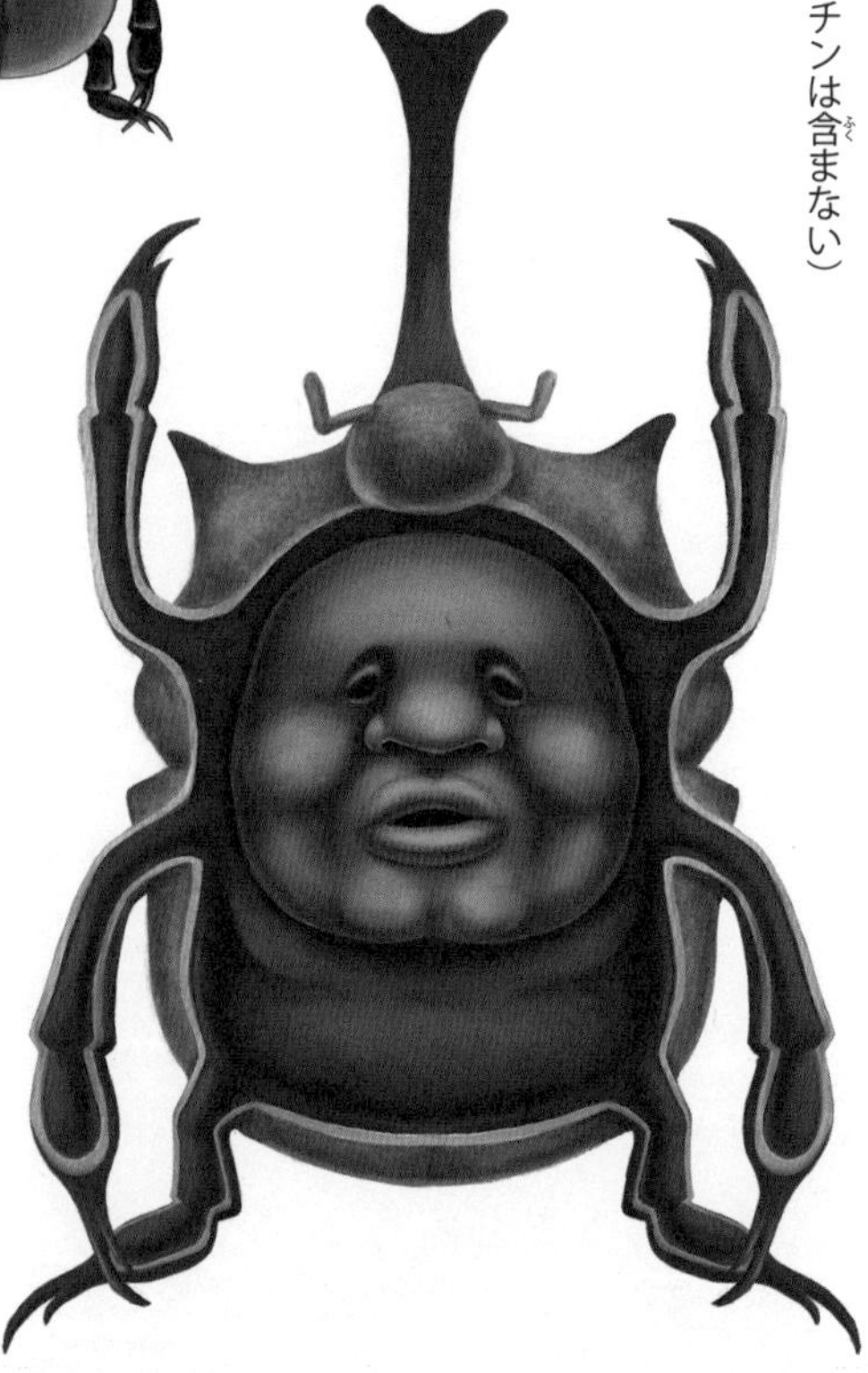

丸《まる》みをおびた体型《たいけい》をし、カブトヨソオイのなかまでいちばん重量《じゅうりょう》があり、いちばんの食《く》いしん坊《ぼう》です。性格《せいかく》は温厚《おんこう》で、めったに怒《おこ》ることはありません。また、よほどのことがない限《かぎ》りトリコロールG《ジー》－56は使《つか》わないようです。

他《ほか》の昆虫《こんちゅう》たちとなかよく樹液《じゅえき》をなめるカブトヨソオイZ型《ゼットがた》。

カブトヨソオイ M《エム》S《エス》型《がた》

体長《たいちょう》10cm（トウチンは含《ふく》まない）

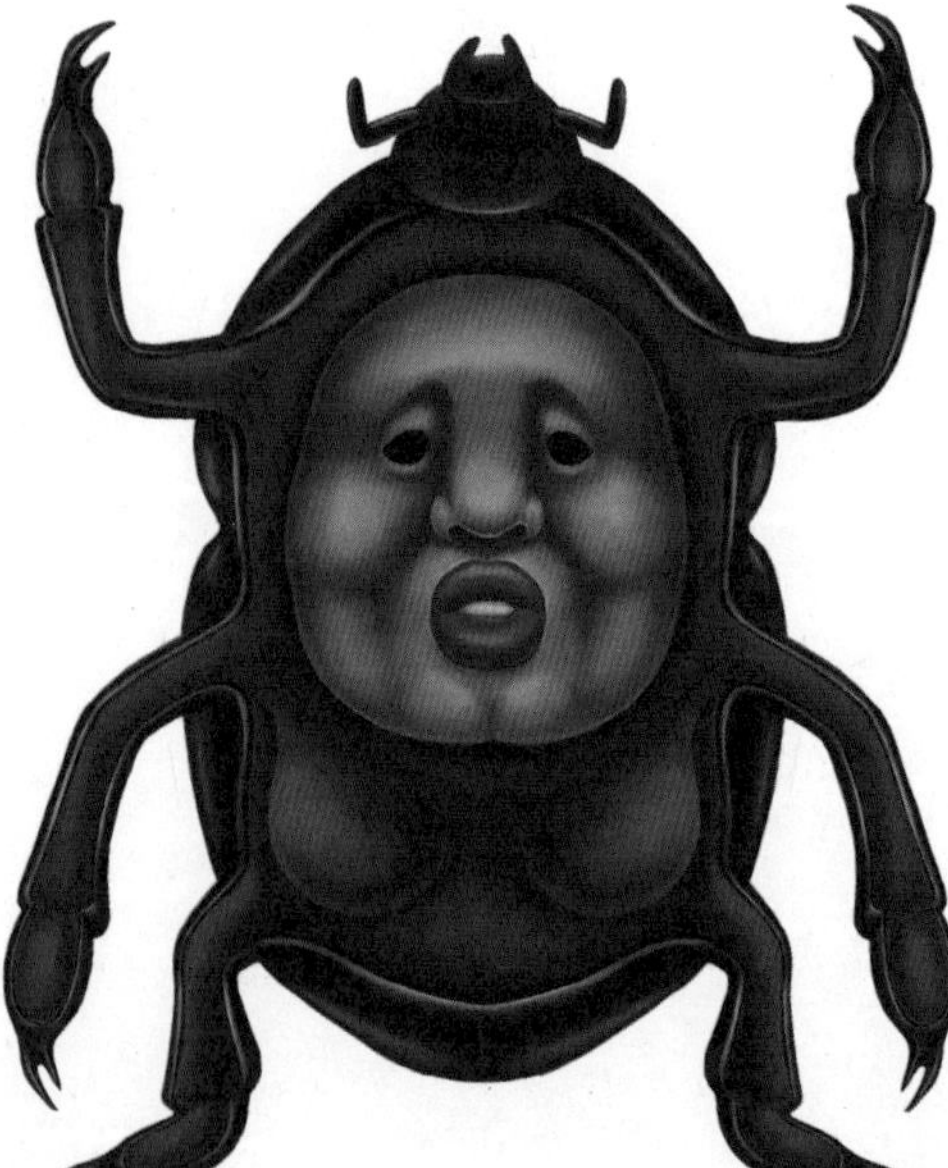

カブトムシのメスに似《に》た姿《すがた》をし、オスを引《ひ》きつけてボディーガードをさせる特技《とくぎ》をもっています。これにはカブトヨソオイもだまされることがあり、カブトヨソオイのなかまの中《なか》で、実《じつ》はいちばん強《つよ》いとささやかれています。ちなみに、このコビトがトウチンから出《だ》す液《えき》は、GG《ジージー》－564と呼《よ》ばれています。

トリコロールGG《ジージー》-564をかけられ、虜《とりこ》にされたカブトヨソオイ。

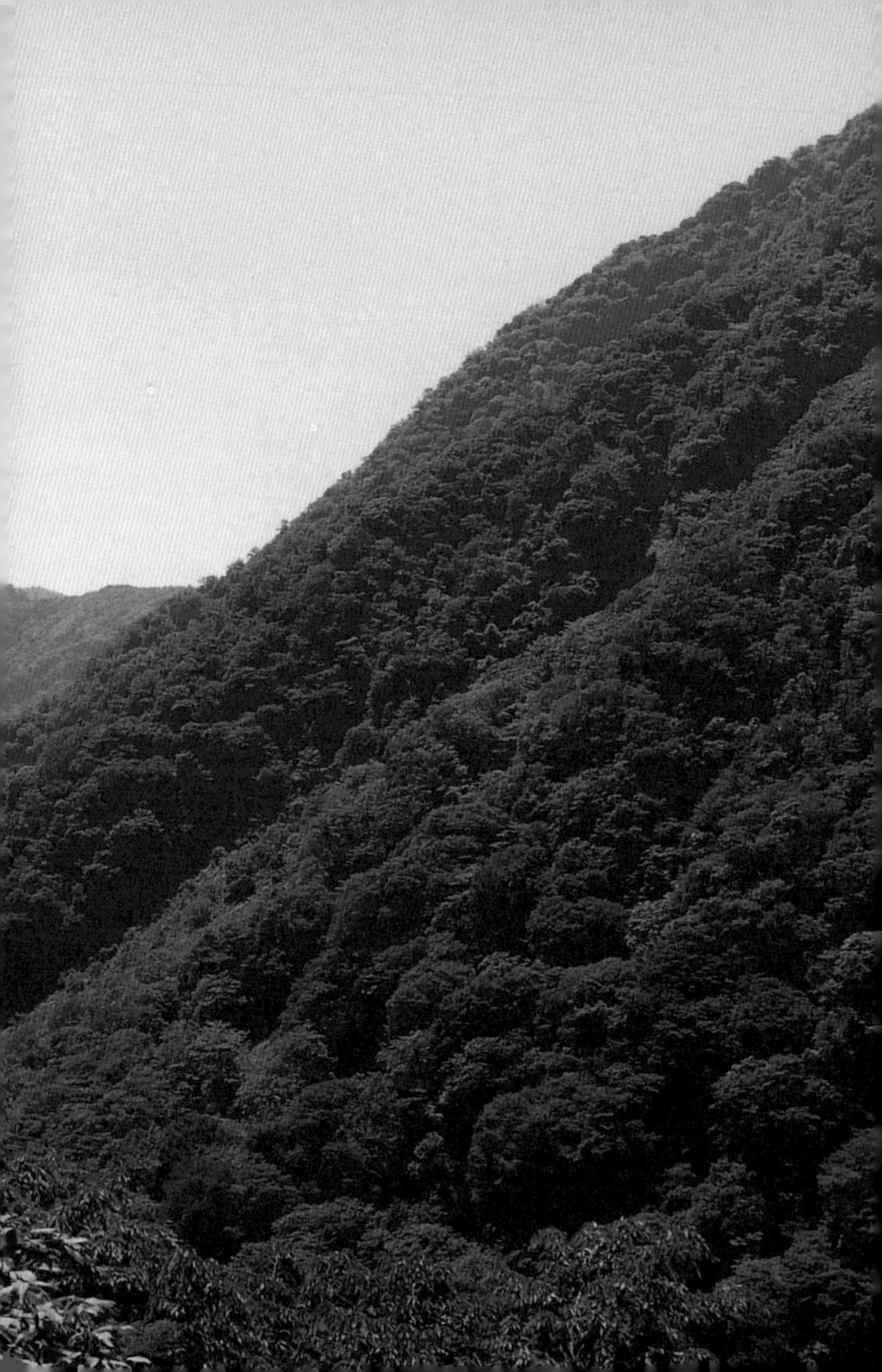

クワガタヨソオイのなかま

クワガタムシに似《に》せたカッチュウをまとっていますが、角《つの》を動《うご》かすことはできません。また、カブトヨソオイのようにダッチュウすることもありません。このなかまは冬眠《とうみん》せず、カッチュウをまとったまま土《つち》の中《なか》や木《き》のうろ（樹洞《じゅどう》）などで越冬《えっとう》します。頭部《とうぶ》から出《で》ている2本《ほん》の腕《うで》のようなところがトウチンです。樹液《じゅえき》が好物《こうぶつ》で、エサ場《ば》をめぐり他《ほか》の昆虫《こんちゅう》やコビトと争《あらそ》うことがあります。木《き》の実《み》や樹皮《じゅひ》も食《た》べています。

クワガタヨソオイ

体《たい》長《ちょう》10cm（トウチンは含《ふく》まない）

後《うし》ろ姿《すがた》はオスのクワガタムシと見分《みわ》けがつきません。少《すこ》し短気《たんき》な性格《せいかく》で勇猛《ゆうもう》な姿《すがた》をしているというのに、実《じつ》はとても非力《ひりき》。他《ほか》のコビトや昆虫《こんちゅう》とのエサ場《ば》をめぐる争《あらそ》いに、負《ま》けてしまうことがほとんどです。

カブトムシにあっけなく負《ま》けてしまうクワガタヨソオイ。

クワガタヨソオイMS《エム エス》型《がた》

体長《たいちょう》10cm（トウチンは含《ふく》まない）

クワガタムシのメスに似《に》た姿《すがた》をし、温厚《おんこう》な性格《せいかく》です。クワガタヨソオイとペアで目撃《もくげき》されることがよくあるのですが、どうやらそれは、なかなかエサにありつけないクワガタヨソオイの世話《せわ》をしてあげているという説《せつ》が有力《ゆうりょく》です。しかし、なぜそうするのかはわかっていません。

ケガしたクワガタヨソオイを介抱《かいほう》し、甲斐甲斐《かいがい》しく世話《せわ》をするクワガタヨソオイＭＳ型《エムエスがた》の目撃情報《もくげきじょうほう》もある。

クワガタヨソオイ M《エム》型《がた》

体《たい》長《ちょう》10㎝（トウチンは含《ふく》まない）

鋭《するど》くとがった角《つの》がありますが、温厚《おんこう》な性《せい》格《かく》でめったに争《あらそ》うことはありません。しかし、エサ場《ば》に先客《せんきゃく》がいて自分《じぶん》がかなわない相手《あいて》と判断《はんだん》した場合《ばあい》、より強《つよ》そうなコビトや昆虫《こんちゅう》をさそい出《だ》す特技《とくぎ》をもっています。強《つよ》いもの同士《どうし》を戦《たたか》わせているすきに、ちゃっかり樹液《じゅえき》をなめてしまう姑《こ》息《そく》な面《めん》をもっているのです。

漁夫《ぎょふ》の利《り》を得《え》るクワガタヨソオイM型《エムがた》。

クワガタヨソオイO《オー》H《エイチ》型《がた》

体《たい》長《ちょう》15㎝（トウチンは含《ふく》まない）

クワガタヨソオイの中《なか》でもっとも重量《じゅうりょう》があるコビトです。カッチュウには太《ふと》い角《つの》があり、樹液《じゅえき》に群《むら》がる昆虫《こんちゅう》たちをひとふりで払《はら》いのけてしまう豪快《ごうかい》さを備《そな》えています。豪胆《ごうたん》で気《き》が荒《あら》い性格《せいかく》なため、無謀《むぼう》にも自分《じぶん》よりはるかに大《おお》きな敵《てき》に立《た》ち向《む》かっていきますが、ほとんどの場合《ばあい》、返《かえ》り討《う》ちにされているようです。

身《み》のほど知《し》らずが災《わざわ》いし、あっさりやられてしまう
クワガタヨソオイＯＨ型《オーエイチがた》。

クワガタヨソオイ　R《アール》型《がた》

体《たい》長《ちょう》10㎝（トウチンは含《ふく》まない）

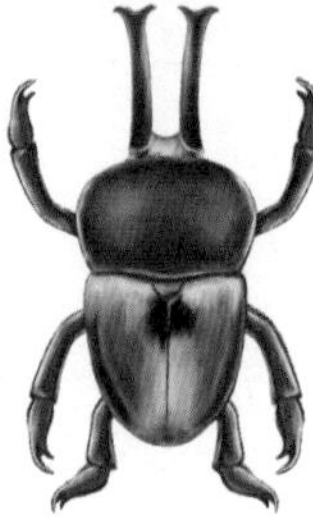

虹色《にじいろ》のカッチュウは、クワガタヨソオイの中《なか》でもっとも美《うつく》しいといわれています。さらに、このカッチュウに光《ひかり》が反射《はんしゃ》すると、直視《ちょくし》できないくらいまぶしく輝《かがや》きます。めったに姿《すがた》を現《あらわ》すことがなく、くわしい生態《せいたい》はまだよくわかっていません。

こういう現象《げんしょう》があれば、その中《なか》にクワガタヨソオイR型《アールがた》がいる可能性《かのうせい》が高《たか》い。

クワガタヨソオイG《ジー》型《がた》

体長《たいちょう》15〜18㎝（トウチンは含《ふく》まない）

ひときわ長《なが》い角《つの》をもち、クワガタヨソオイの中《なか》でもっとも体《からだ》が大《おお》きく強《つよ》いとされています。いつも冷静沈着《れいせいちんちゃく》で、むだな争《あらそ》いは好《この》みません。あまり動《うご》き回《まわ》らず、ほとんど木《き》のうろの中《なか》でじっとしています。しかし、どういうわけかカブトヨソオイのなかまにだけは冷静《れいせい》でいることができません。闘争心《とうそうしん》をむき出《だ》して、積極的《せっきょくてき》に闘《たたか》いを挑《いど》んでいきます。

ふだんは木《き》のうろの中《なか》で

じっとしている。

最強《さいきょう》対決《たいけつ》！
勝《か》つのはどっちだ？！

カブトヨソオイH《エイチ》型《がた》
対《たい》
クワガタヨソオイG《ジー》型《がた》

カナブンシン

体長《たいちょう》4㎝（トウチンは含《ふく》まない）

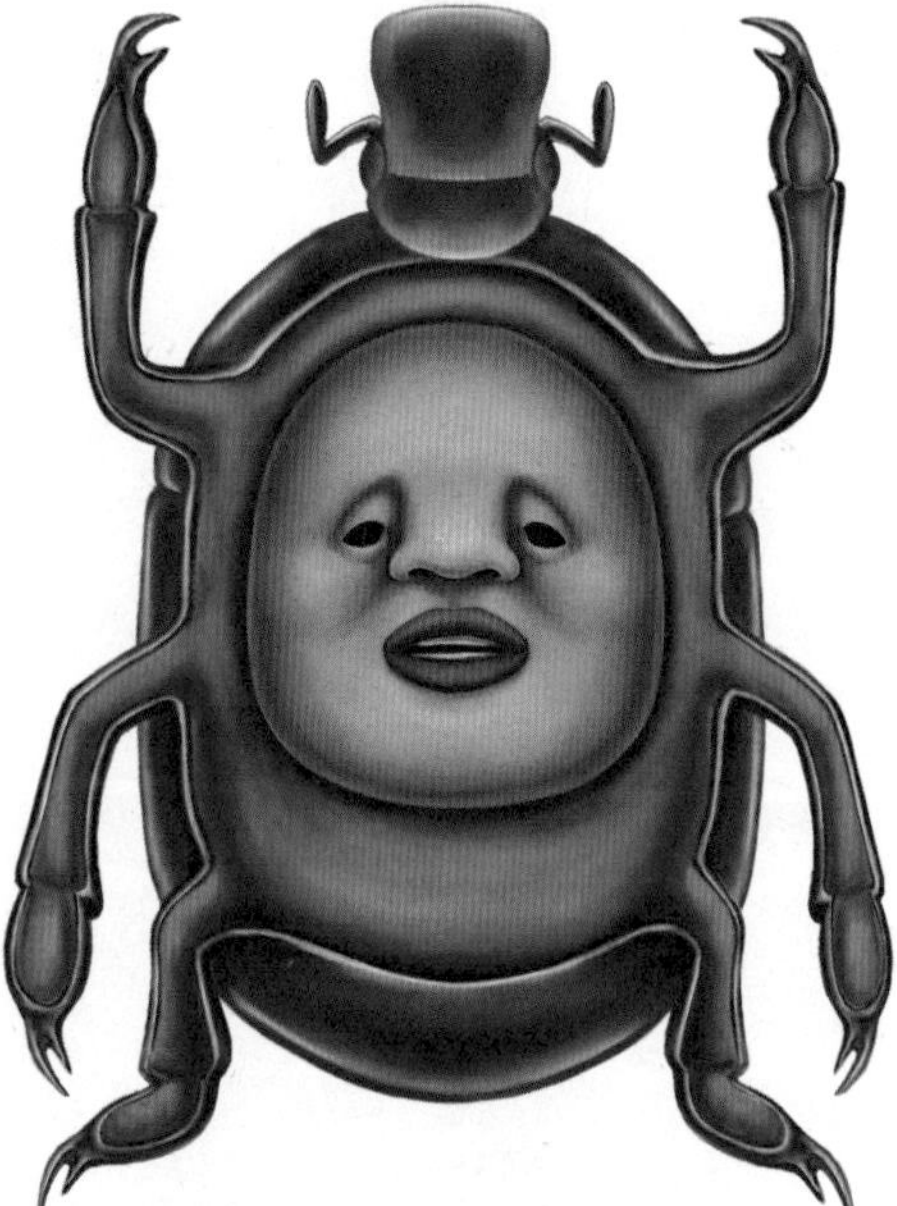

カナブンになりすまし、樹液《じゅえき》や花《はな》の蜜《みつ》を吸《す》ってくらしています。ひっくり返《かえ》るとなかなか起《お》き上《あ》がることができません。個体《こたい》によって、カッチュウと体《からだ》の色《いろ》が異《こと》なります。

カナブンをおんぶしている姿《すがた》を見《み》かけるが、なぜそうするのかわかっていない。

デバニセカミキリ

体長《たいちょう》10㎝（トウチンは含《ふく》まない）

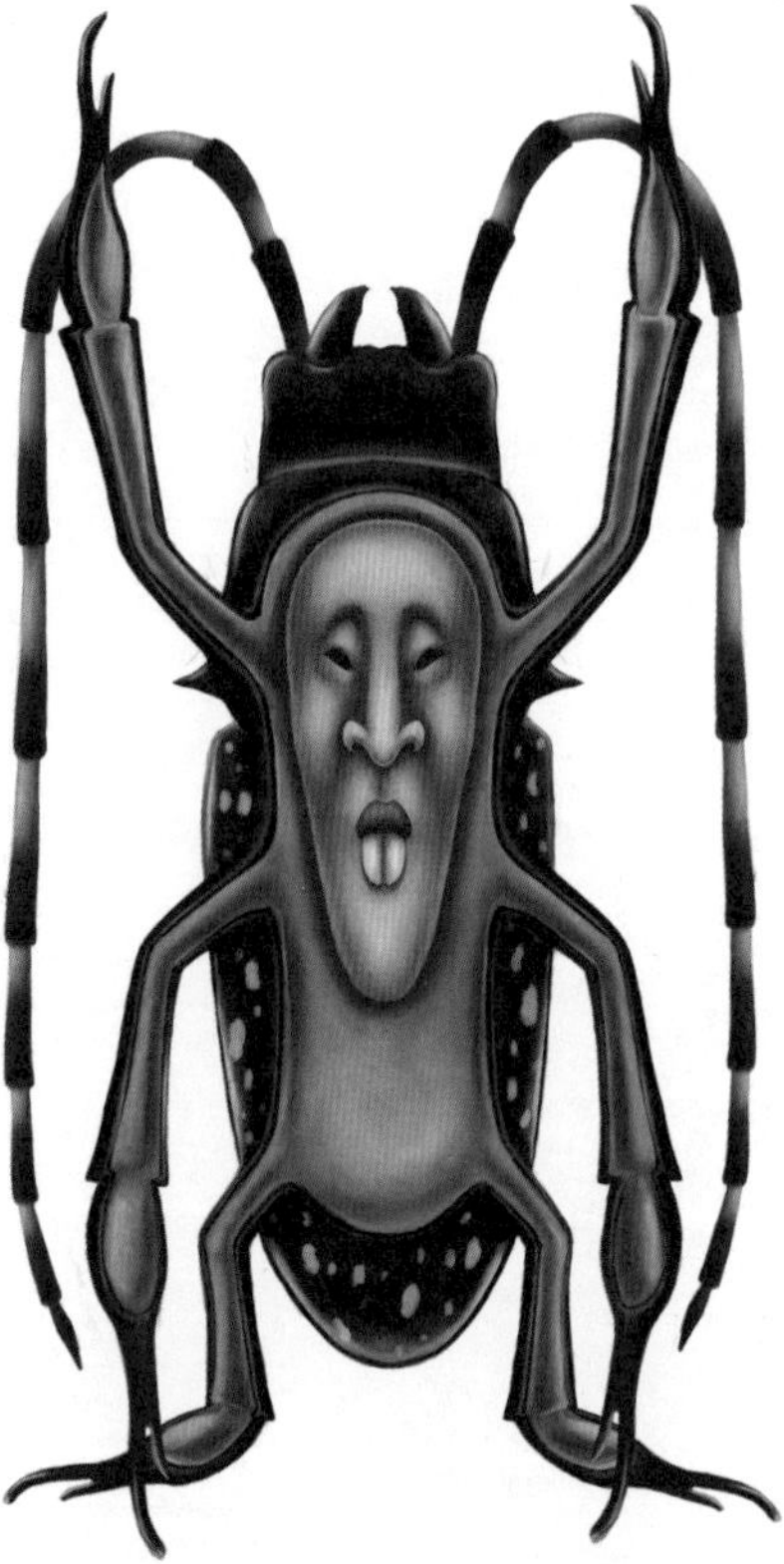

カミキリムシになりすましています。がんじょうな前歯《まえば》で、木《き》の葉《は》や木《き》の実《み》、木《き》の皮《かわ》を噛《か》み切《き》って食《た》べます。

前歯《まえば》に注意《ちゅうい》！
うかつに手《て》を出《だ》すと危険《きけん》。

オテントウサマ

体長《たいちょう》0.5〜1㎝（トウチンは含《ふく》まない）

ナナホシテントウになりすまし、草原《そうげん》にも現《あらわ》れます。花《はな》の蜜《みつ》や、草《くさ》についたアブラムシが好物《こうぶつ》です。額《ひたい》にはコウモンがあり、目撃《もくげき》すると小《ちい》さな幸運《こううん》に恵《めぐ》まれるといわれています。

自分《じぶん》で空《そら》は飛《と》べない。

フンコロガセ

体《たい》長《ちょう》12㎝（トウチンは含《ふく》まない）

動物《どうぶつ》の糞《ふん》が好物《こうぶつ》で、コガネムシのなかま（糞虫《ふんちゅう》）をあやつり糞《ふん》を集《あつ》めさせてしまいます。コガネムシたちは力《ちから》を合《あ》わせて糞《ふん》を転《ころ》がし、大《おお》きな玉《たま》にしてさし出《だ》します。フンコロガセはダッチュウをくり返《かえ》して成長《せいちょう》します。ダッチュウした直後《ちょくご》、フンコロガセはこの玉《たま》にもぐりこみ、糞《ふん》を食《た》べながら再《ふたた》びカッチュウができるのを待《ま》つのです。

コガネムシのなかまを
あやつるフンコロガセ。

ミミズキダイオウ

体長《たいちょう》12㎝（トウチンは含《ふく》まない）

ダンゴムシのようなカッチュウと、ミミズのようなトウチンで奇妙《きみょう》な姿《すがた》です。トウチンをアリの巣《す》に伸《の》ばし入《い》れ、アリをからめとって食《た》べますが、いちばんの好《こう》物《ぶつ》は小鳥《ことり》です。トウチンを巧《たく》みに動《うご》かし、やって来《き》た小鳥《ことり》をトウチンでしめ上《あ》げて仕留《しと》めます。しかし、これはいつも成功《せいこう》するとは限《かぎ》りません。

トウチンをくねらせ
鳥《とり》の気《き》を引《ひ》く。

成功例《せいこうれい》：
近《ちか》づいてきたところを、
すばやくしめ上《あ》げる。

失敗例《しっぱいれい》：
トウチンを捨《す》て、丸《まる》くなって逃《に》げる。

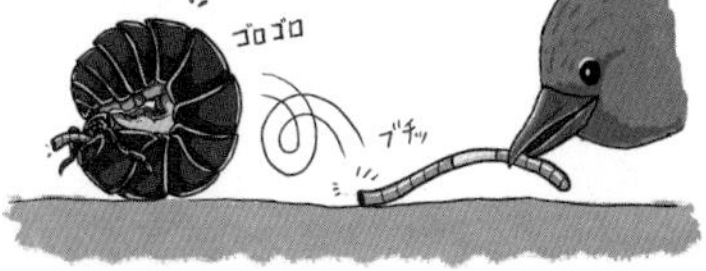

オオカマナリキリ

体長《たいちょう》8〜10㎝（トウチンは含《ふく》まない）

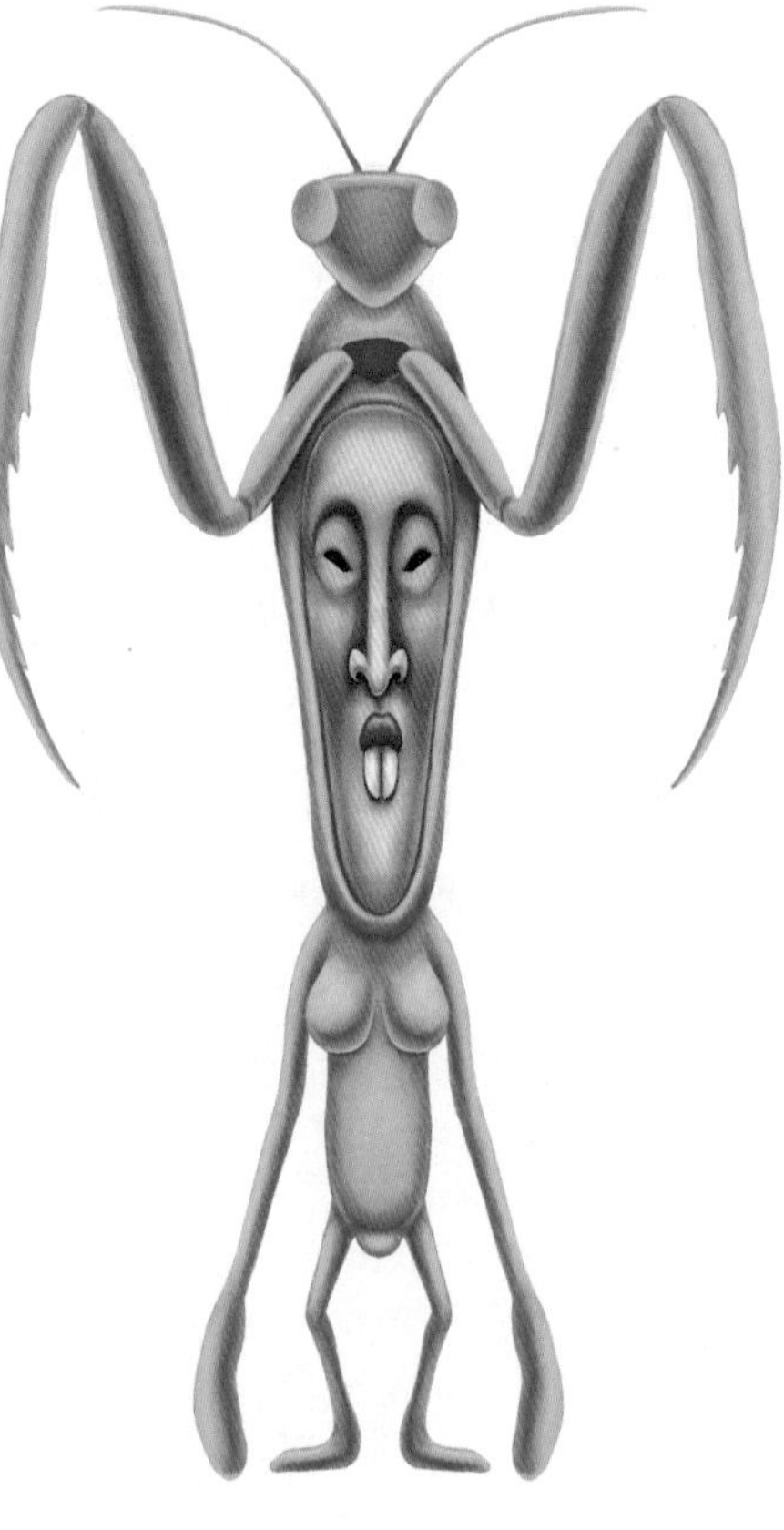

カマキリのような姿《すがた》をしています。カマの部分《ぶぶん》がこのコビトのトウチンになるのですが、動《うご》かすことはできず、まったくのお飾《かざ》りでしかありません。カマキリのオスが大好物《だいこうぶつ》です。独特《どくとく》のダンスでオスを誘惑《ゆうわく》し、油断《ゆだん》したところを抱《だ》きついてそのまま食《た》べてしまいます。主《おも》に森林地《しんりんち》帯《たい》にせいそくしていますが、郊外《こうがい》などの草《くさ》はらにもやって来《く》るようです。

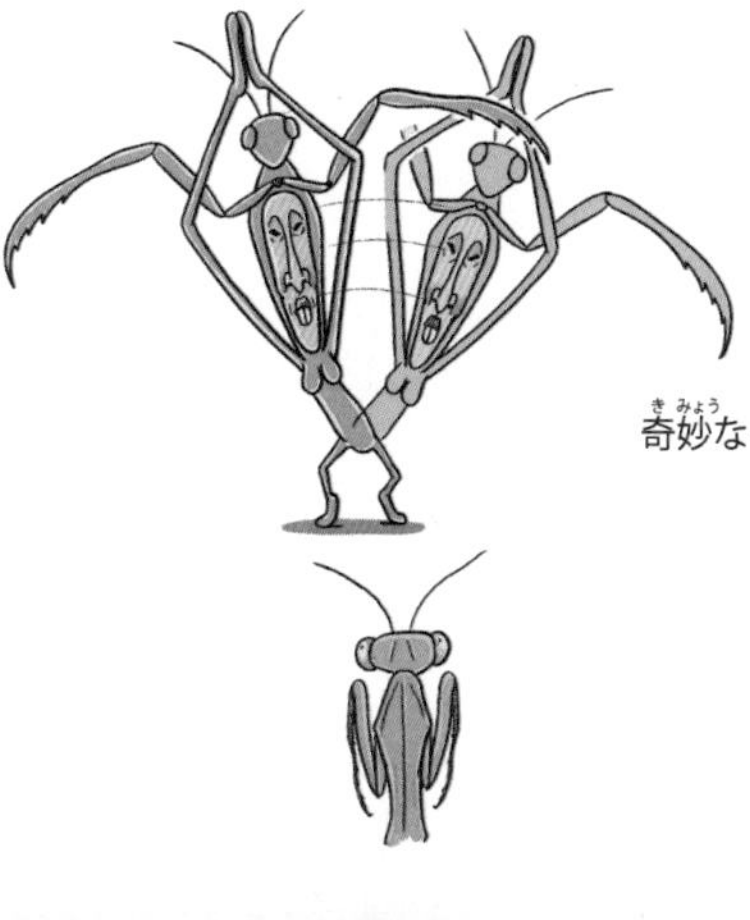

奇妙《きみょう》なダンスでオスを誘惑《ゆうわく》する。

ヒミツヌスミツ

体長《たいちょう》5cm

容姿《ようし》はミツバチとそっくりです。はち蜜《みつ》が大好物《だいこうぶつ》で、ミツバチの巣《す》からはち蜜《みつ》を盗《ぬす》みとってしまいます。トウチンからミツバチを安心《あんしん》させる匂《にお》いを出《だ》し巣《す》にもぐりこむのですが、必《かなら》ずうまくいくとは限《かぎ》りません。ミツバチに見《み》やぶられ、逃《に》げまどう姿《すがた》が目撃《もくげき》されています。空《そら》を飛《と》ぶことはできません。

ミツバチの巣《す》にしのびこむヒミツヌスミツ。

ヨウチュウカソウ

体長《たいちょう》3〜4cm（トウチンは含《ふく》まない）

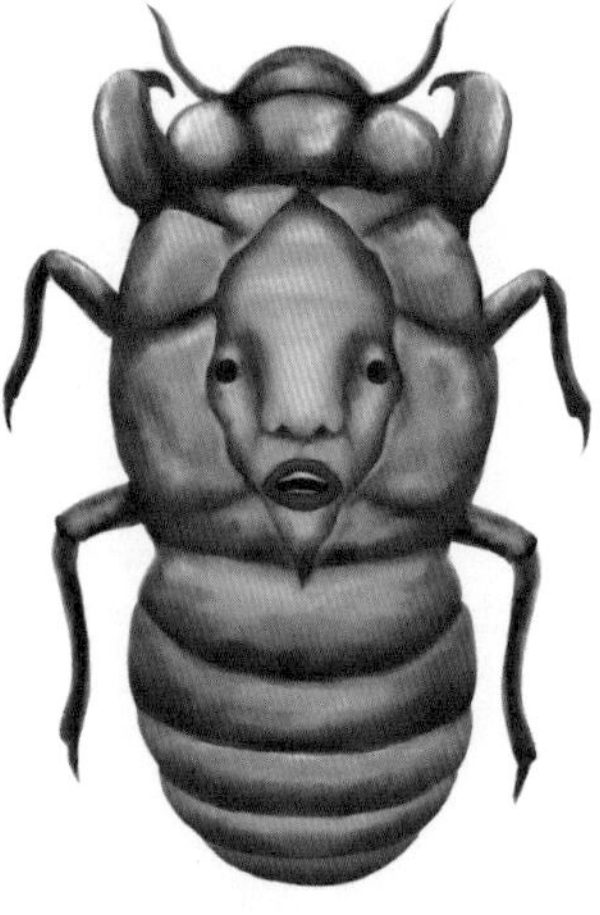

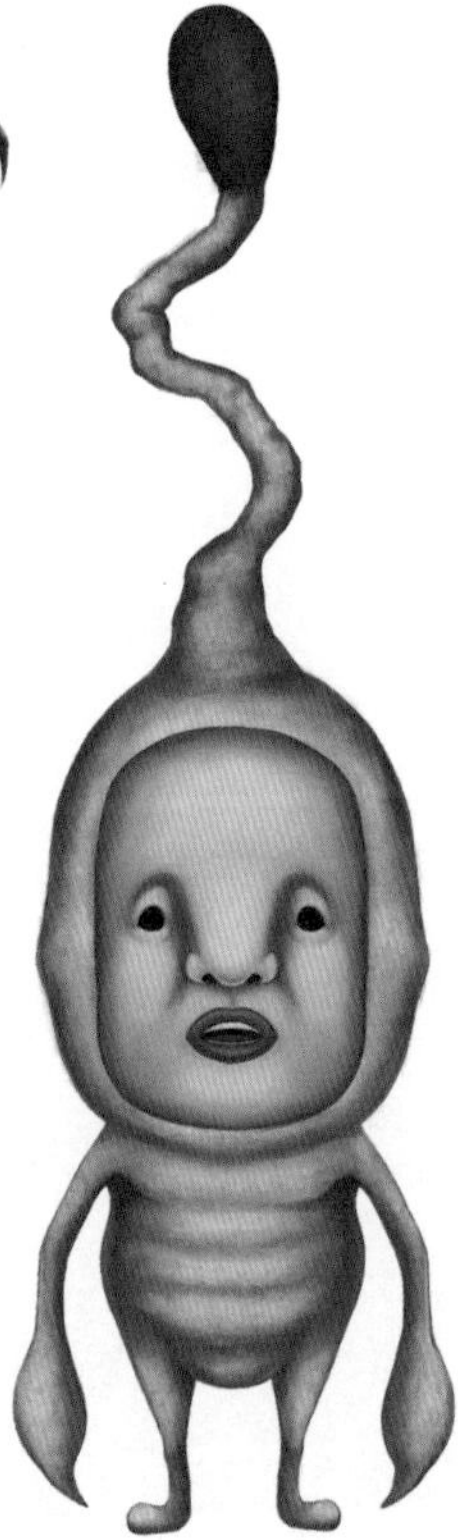

夏《なつ》になると現《あらわ》れます。セミの幼虫《ようちゅう》の抜《ぬ》け殻《がら》を見《み》つけると、それを身《み》にまとって地《ち》中《ちゅう》にもぐります。しばらくは土《つち》の養分《ようぶん》を吸《す》ってくらしていますが、やがてトウチンを地上《ちじょう》に伸《の》ばし、寄《よ》って来《き》た昆虫《こんちゅう》を捕《と》らえるようになります。トウチンの先《さき》から液《えき》を出《だ》し、付着《ふちゃく》した虫《むし》を溶《と》かして栄養《えいよう》にしてしまうのです。

ネバネバしたトウチンに触《ふ》れると、もう逃《に》げられない。

セミグルメのなかま

夏《なつ》の時期《じき》、セミの出現《しゅつげん》に合《あ》わせて現《あらわ》れるコビトです。羽化《うか》の近《ちか》いセミの幼虫《ようちゅう》を見《み》つけると、トウチンから「アジツケ液《えき》」をふりかけます。この液《えき》をふりかけられた幼虫《ようちゅう》は、その後成虫《ごせいちゅう》になっても1週間《しゅうかん》ほどしか生《い》きることができません。セミグルメたちは、そのセミの死骸《しがい》を食《た》べてくらしているのです。夏以外《なついがい》の季節《きせつ》は、どこにいるのかわかっていません。脱皮《だっぴ》をくり返《かえ》して成長《せいちょう》します。

セミグルメ

体長《たいちょう》20㎝（トウチンは含《ふく》まない）

特《とく》にアブラゼミを好《この》んで食《た》べています。脱皮《だっぴ》したあとの抜《ぬ》け殻《がら》は、貴重《きちょう》な漢方薬《かんぽうやく》として使《つか》われることがあります。

夏《なつ》に大量《たいりょう》のセミを食《た》べ、1年分《ねんぶん》の栄養《えいよう》をお尻《しり》にためる。

ツクツククルイ

体《たい》長《ちょう》15㎝（トウチンは含《ふく》まない）

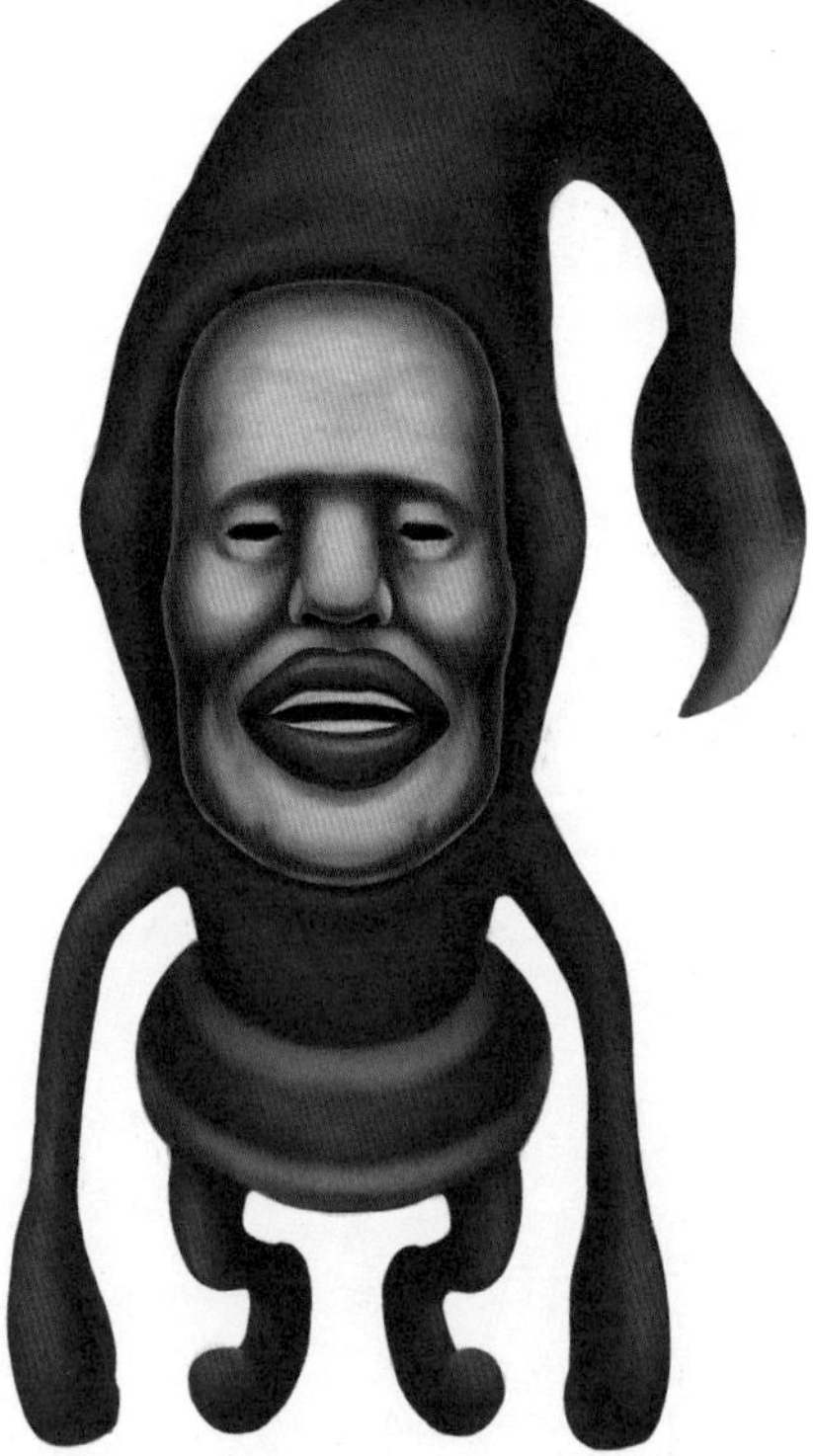

ツクツクボウシだけを狙《ねら》うセミグルメのなかまです。アジツケ液《えき》をかけられたツクツクボウシは、なぜかスムースに鳴《な》けなくなってしまいます。鳴《な》いているとちゅうでリズムがくるってしまうツクツクボウシは、このコビトが原因《げんいん》です。

アジツケ液《えき》をふりかけ、

落《お》ちてくるのを待《ま》つ。

セミドウラク

体《たい》長《ちょう》20㎝（トウチンは含《ふく》まない）

ひじょうに貪欲《どんよく》で大食漢《たいしょくかん》。あらゆるセミを食《た》べています。一度《いちど》にあまりにもたくさんのセミを食《た》べ、お尻《しり》が重《おも》くて動《うご》けなくなることがあるようです。

栄養《えいよう》を蓄《たくわ》えすぎ、でっぷりとしたセミドウラク。

第《だい》三《さん》章《しょう》　キノコになりすましたコビトたち

樹木《じゅもく》がしげる日陰《ひかげ》や湿《しめ》ったところでは、しばしばキノコを見《み》かけることがあります。日本《にほん》には４０００〜５０００種《しゅ》ほどのキノコがあるといわれていますが、正確《せいかく》な数《かず》はまだわかっていません。

そんなキノコに混《ま》じって、ひっそりくらしているコビトたちがいます。木《き》の根《ね》っこ、倒木《とうぼく》や切《き》り株《かぶ》、落《お》ち葉《ば》の下《した》などを注意深《ちゅういぶか》く見《み》てみましょう。

キノコビト
のなかま

キノコの生《は》えているところにせいそくし、キノコになりすましたコビトの総称《そうしょう》を「キノコビト」と呼《よ》んでいます。何《なに》を食《た》べているのかなど、くわしい生態《せいたい》はわかっていません。奇妙《きみょう》な行動《こうどう》をとったり、毒《どく》をもっているものもいるので、発見《はっけん》してもうかつに手《て》を出《だ》さないようにしましょう。

ベニキノコビト

体長《たいちょう》15〜20㎝

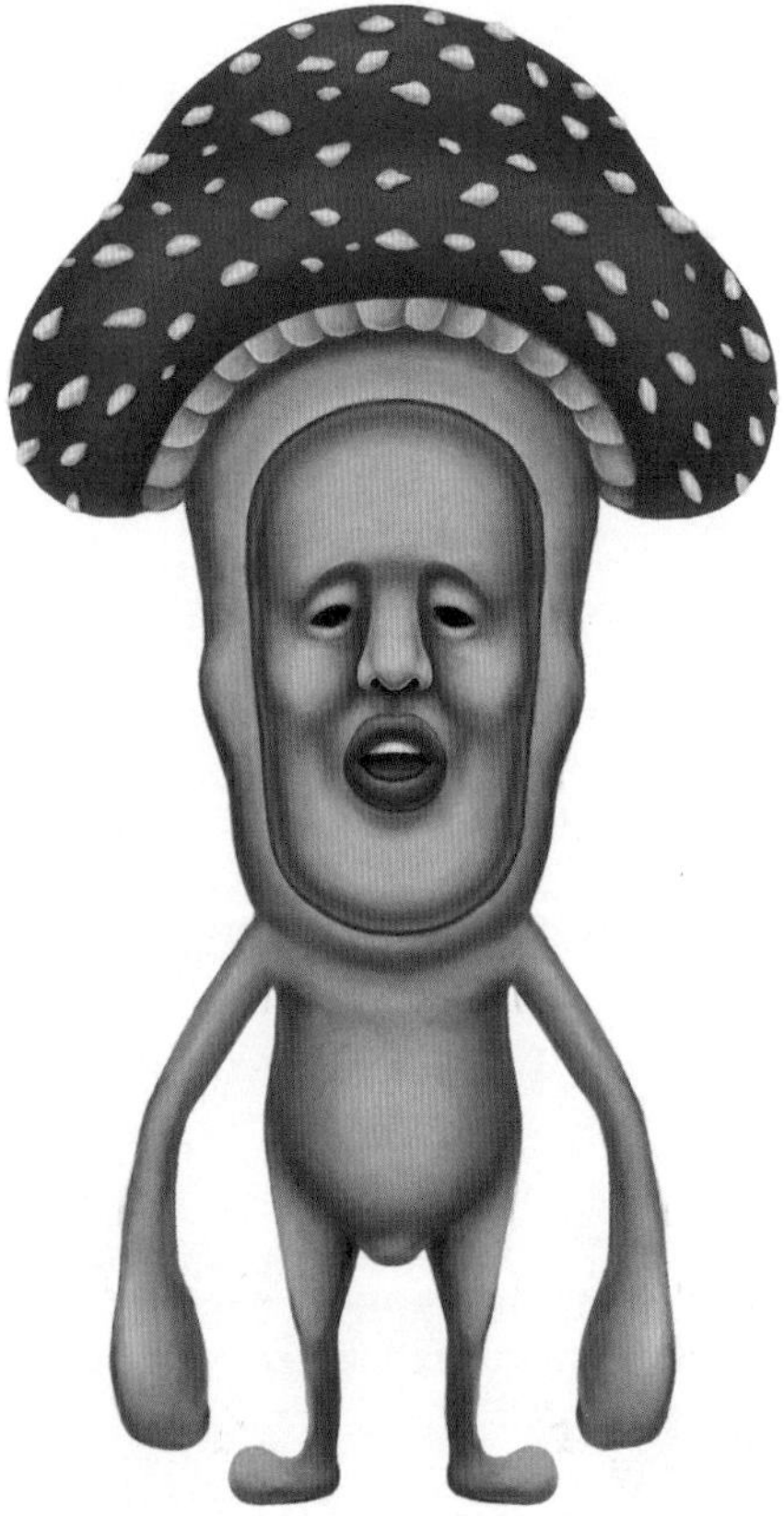

おとなしい性格《せいかく》ですが、緊張《きんちょう》するとトウチンから幻覚作用《げんかくさよう》のある臭気《しゅうき》を出《だ》してしまうので、むやみに手《て》を出《だ》すのは危険《きけん》です。トウチンは外《はず》すことができ、きちんと処理《しょり》をすればおいしい食材《しょくざい》になります。とれたトウチンは、時間《じかん》がたてば再生《さいせい》されます。

ほとんどじっと動《うご》かないが、

時《とき》おり、周辺《しゅうへん》のキノコに頭《あたま》をこすりつける。

なぜそうするのか、わかっていない。

オオカサデッカチ

体長《たいちょう》12cm

体《からだ》に似合《にあ》わないほど、異様《いよう》に大《おお》きいトウチンをもっています。あまりにトウチンが大《おお》きくなりすぎて、ひっくり返《かえ》ってしまうこともあるようです。トウチンは食《た》べられますが、大味《おおあじ》でけっしておいしくはありません。

ひっくり返《かえ》ってジタバタするオオカサデッカチ。
こうなると、かんたんに起《お》き上《あ》がれない。

ワカイトキダケ

体長《たいちょう》15〜20㎝

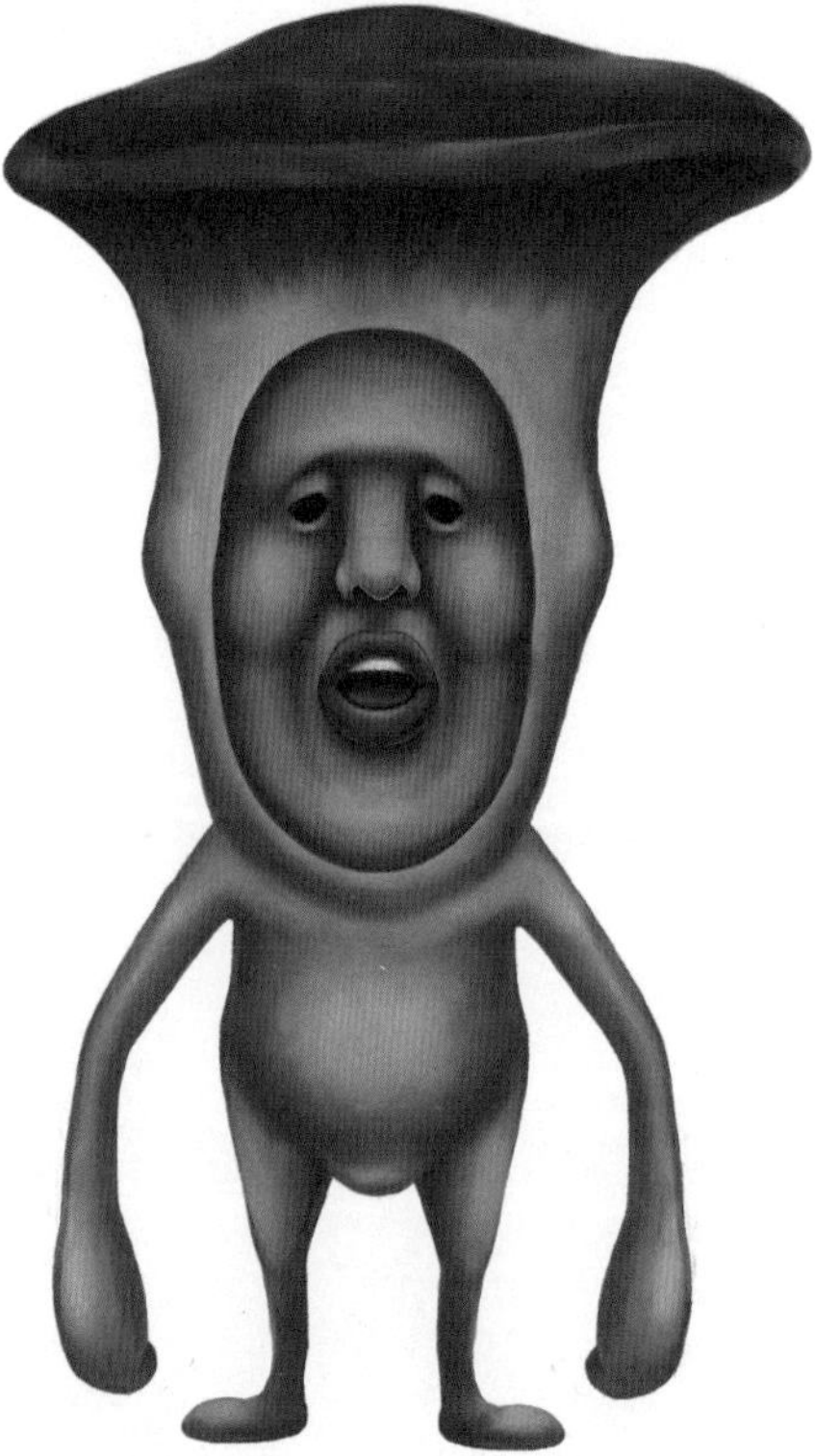

トウチンは外《はず》すことができ、おいしい食《しょく》材《ざい》になります。ただし食《た》べられるのは若《わか》い時《とき》だけで、年《とし》をとるにつれて毒《どく》をもつようになるので注《ちゅう》意《い》が必《ひつ》要《よう》です。

年《とし》をとり、毒《どく》気《け》が出《で》ると表《ひょう》情《じょう》も変《か》わる。

マツタケノフウミダケ

体《たい》長《ちょう》15〜20cm

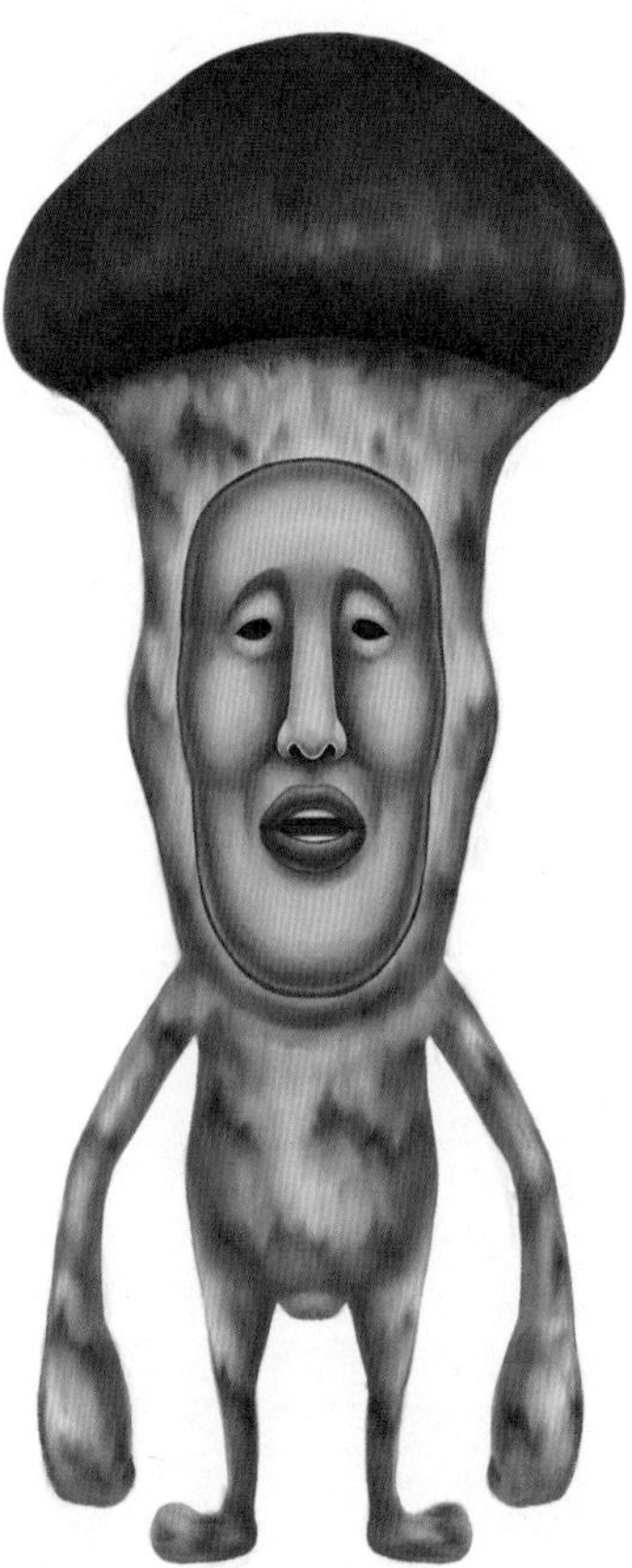

マツタケの生《は》えている場所《ばしょ》にせいそくし、トウチンからマツタケとそっくりな香《かお》りを出《だ》しています。一説《いっせつ》によると、あのマツタケのいい香《かお》りは、このコビトのしわざだともいわれています。トウチンは食《しょく》材《ざい》になりますが、味《あじ》はマツタケとは比《くら》べものにはならず、けっしておいしいとはいえません。

まちがえて出荷《しゅっか》されてしまうことも。

フウライガサ

体《たい》長《ちょう》20cm

特定《とくてい》の居場所《いばしょ》をもたず、ほうぼうわたり歩《ある》くことが好《す》きなキノコビトです。じっとしていることが多《おお》いキノコビトの中《なか》で、なぜかこのコビトだけはよく動《うご》き回《まわ》ります。なぜそうなのか、何《なに》を食《た》べているのかなど、くわしい生態《せいたい》はまったくわかっていません。

フウライガサが訪《おとず》れた場所《ばしょ》には、キノコがたくさん生《は》える。

ビミホホオトシ

体《たい》長《ちょう》15cm

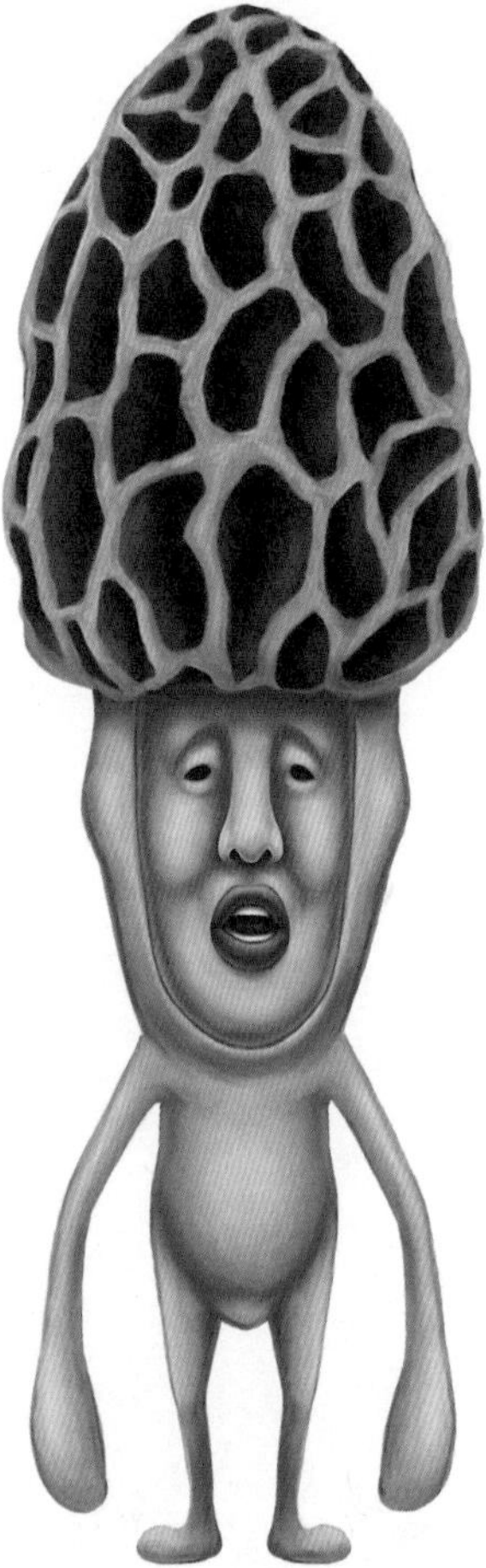

アミガサタケというキノコに似《に》た姿《すがた》をしています。気味《きみ》の悪《わる》い見《み》かけとはうらはらに、トウチンの美味《おい》しさはキノコビト一《いち》といわれています。しかし、食《た》べて中《ちゅう》毒《どく》を起《お》こした例《れい》もあるので、気《き》をつけなくてはなりません。

いつも体《からだ》を地中《ちちゅう》にうめている。

フタツガイッショ

体長《たいちょう》5cmと12cm

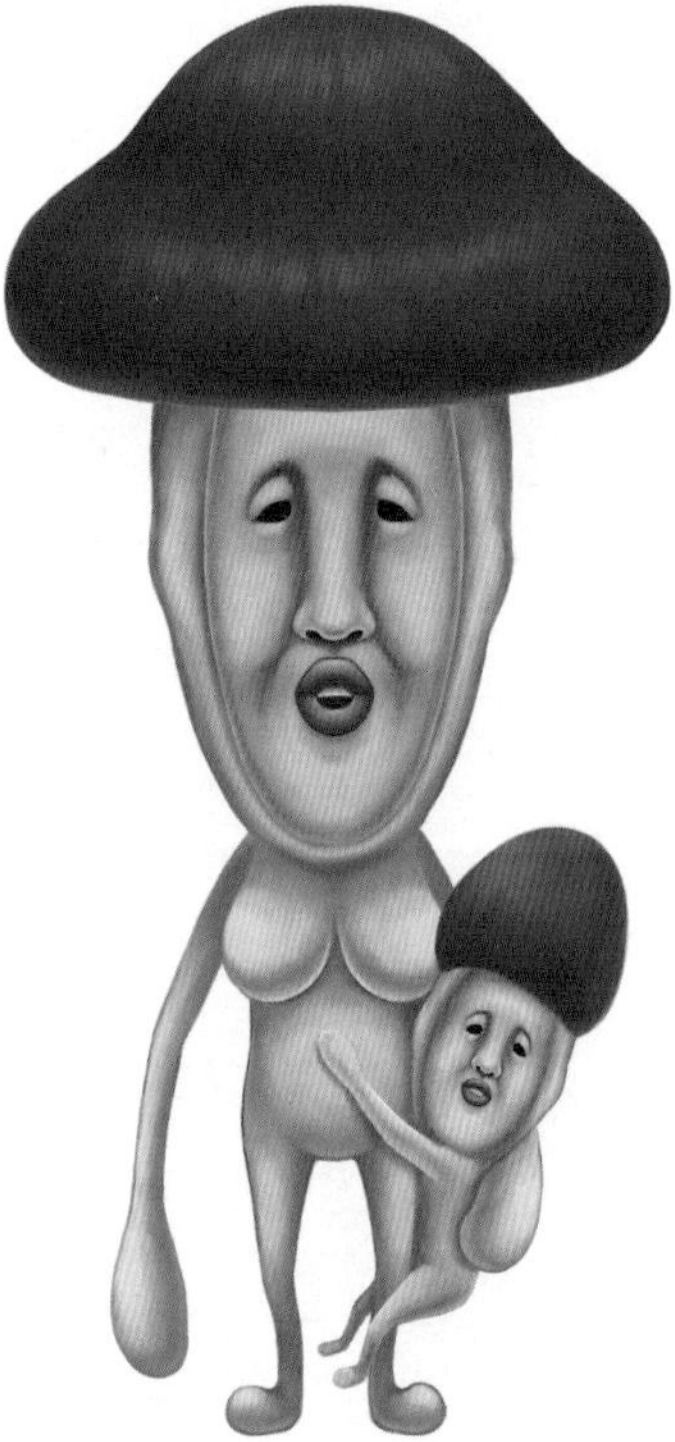

必《かなら》ずといっていいほど、大小《だいしょう》と体長《たいちょう》の異《こと》なるもの同士《どうし》がペアを組《く》んでいます。親《おや》子《こ》という説《せつ》もありますが、はっきりしたことはわかっていません。ペアを組《く》む理《り》由《ゆう》もわかっていません。

いつも小《ちい》さい方《ほう》が甘《あま》えているように見《み》える。

シロキノコビト

体《たい》長《ちょう》15〜20㎝

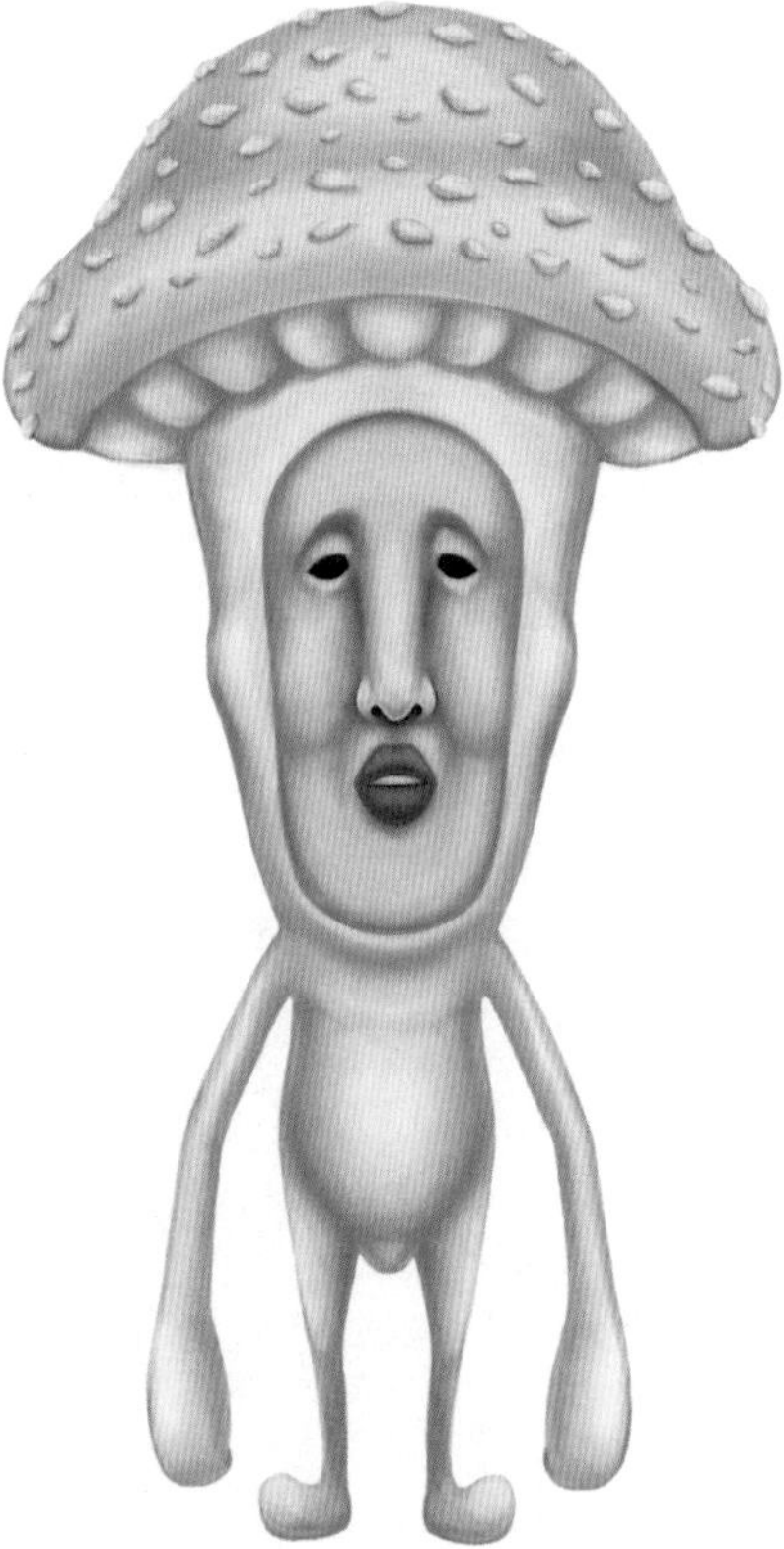

キノコビトの中《なか》でも特《とく》に動《うご》かない種類《しゅるい》です。目立《めだ》たない場所《ばしょ》で、つねに一人《ひとり》でじっとしています。全身《ぜんしん》がまっ白《しろ》い粉《こな》でおおわれていて、じかに触《ふ》れるとその粉《こな》が付着《ふちゃく》します。粉《こな》の成分《せいぶん》はまだわかっていないので、うかつに手《て》を出《だ》してはいけません。

めったに動《うご》くことがない。

付着《ふちゃく》した粉《こな》はなかなか落《お》ちないので、けっして触《ふ》れてはいけない。

クロキノコビト

体長《たいちょう》20cm

トウチンの色《いろ》がちがうだけで、姿《すがた》はベニキノコビト（88ページ参照《さんしょう》）にそっくりです。ベニキノコビトと出会《であ》うと、必《かなら》ずトウチンをこすり合《あ》わせるという奇妙《きみょう》な行動《こうどう》をとりますが、その理由《りゆう》はわかっていません。

ベニキノコビトとなかがいい？

シキハデアヤシ

体長《たいちょう》15cm

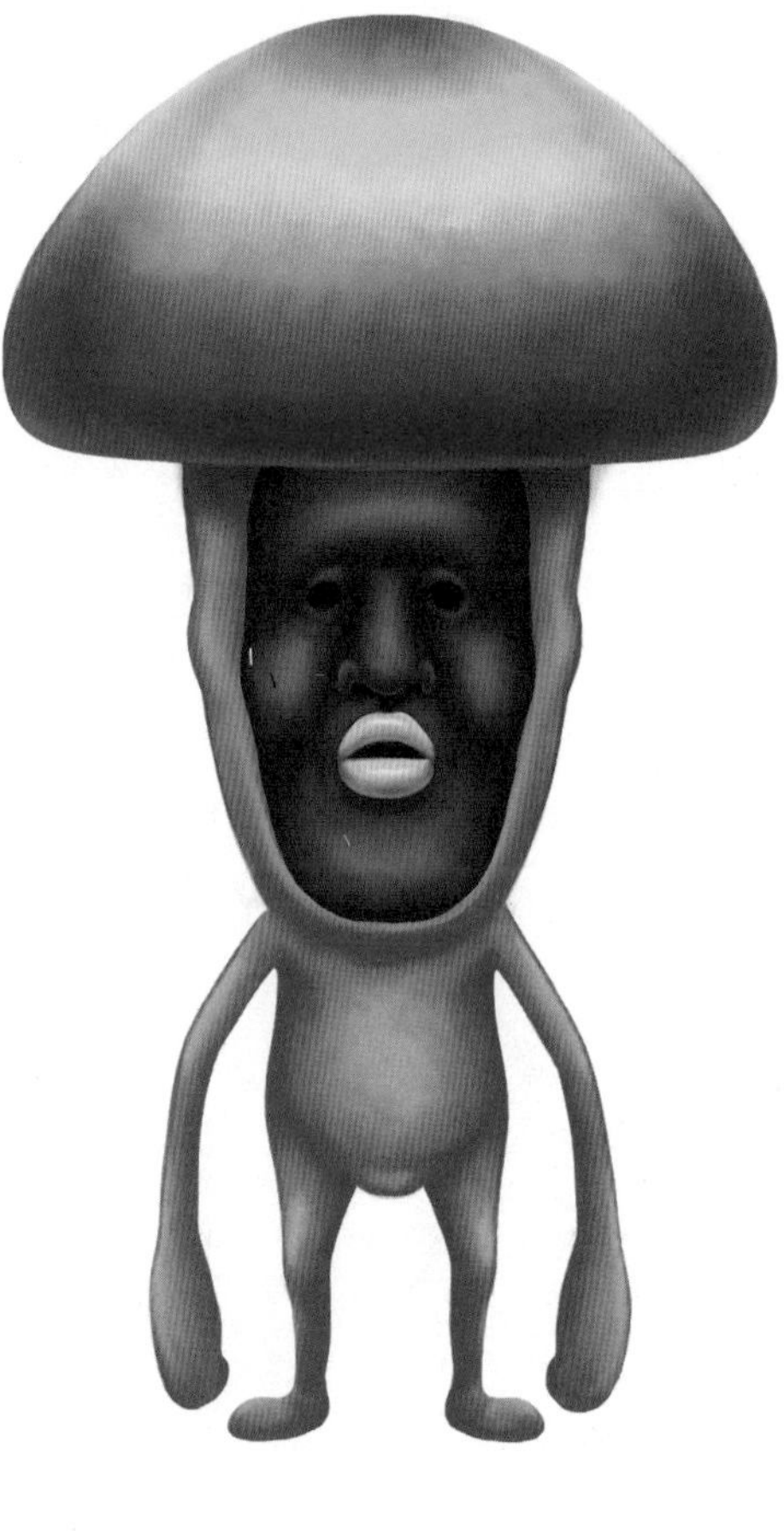

とても目立《めだ》つはでな体色《たいしょく》で、見《み》るからに怪《あや》しげな姿《すがた》です。目撃例《もくげきれい》が少《すく》なく、ほとんど生態《せいたい》は知《し》られていません。いかにも毒《どく》をもっていそうな雰囲気《ふんいき》なので、近《ちか》づかない方《ほう》が身《み》のためです。

近《ちか》づいただけで、強烈《きょうれつ》なめまいに
襲《おそ》われたという報告《ほうこく》もある。

キズイカツイ

体長《たいちょう》15cm

顔《かお》つきが悪《わる》く、トウチンには傷《きず》あとのような筋《すじ》が入《はい》っていて、見《み》るからに凶暴《きょうぼう》そうです。しかし、くわしい生態《せいたい》はまだわかっていません。見《み》た目《め》とはうらはらに、実《じつ》はやさしいという情報《じょうほう》もあるのですが、近《ちか》づかない方《ほう》がよいでしょう。

ひっくり返《かえ》ったオオカサデッカチ（90ページ参照《さんしょう》）を、起《お》こしてあげたという報告《ほうこく》もある。

キヌノベール

体長《たいちょう》12cm

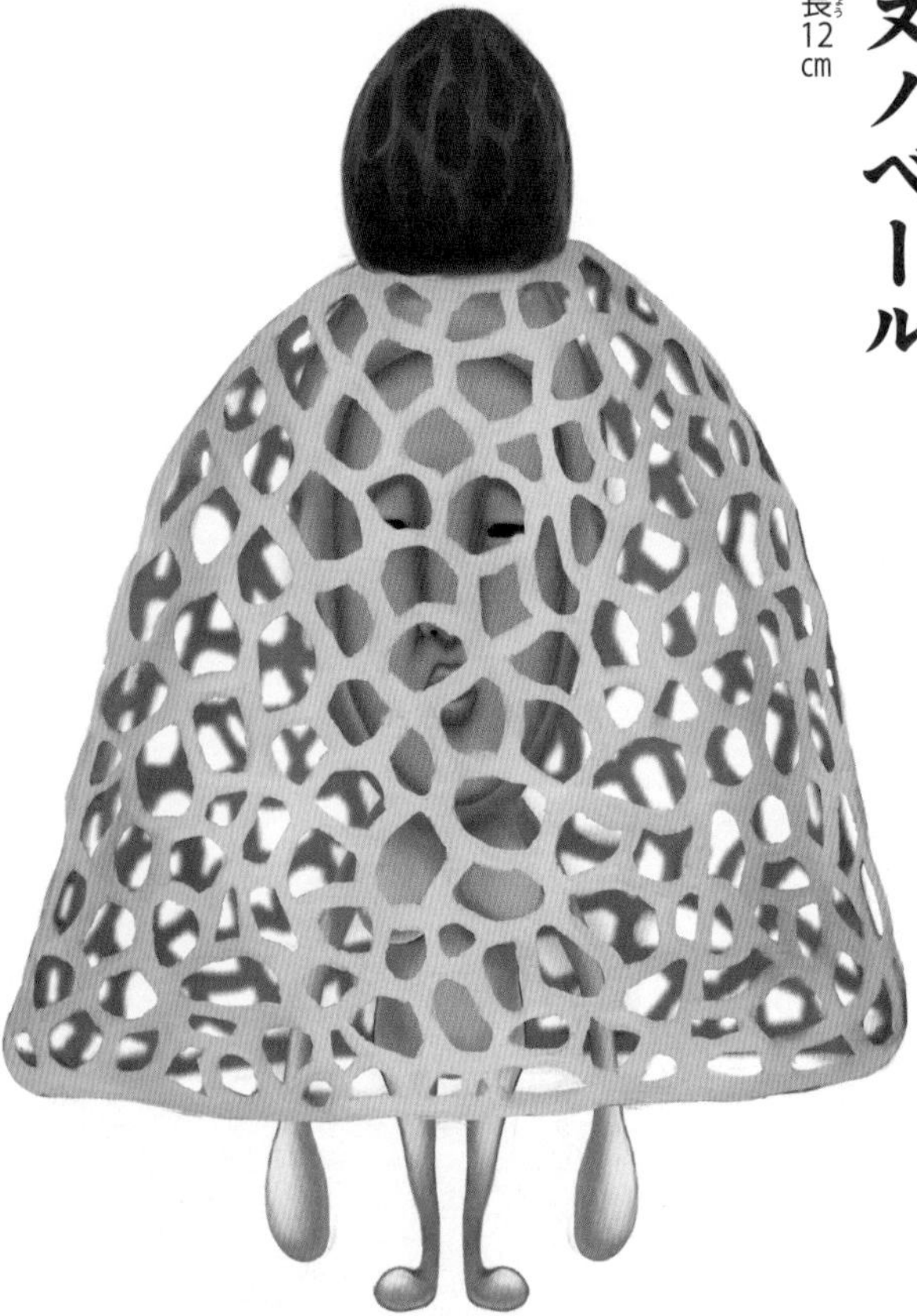

網目模様《あみめもよう》の特徴的《とくちょうてき》なトウチンは、まさにキヌガサタケというキノコとそっくりです。おだやかな性格《せいかく》ですが、緊張《きんちょう》するとトウチンの先端《せんたん》から悪臭《あくしゅう》を放《はな》つので、刺《し》激《げき》しないように気《き》をつけましょう。

悪臭《あくしゅう》を放《はな》つキヌノベール。
その臭《にお》いはかなりきつい。

ムレナメコビト

体長《たいちょう》8㎝

ブナやナラの枯《か》れ木《き》など、ナメコの群生《ぐんせい》している場所《ばしょ》でナメコと同《おな》じように群《む》れを作《つく》ってじっとしています。トウチンはひじょうに美味《びみ》といわれているのですが、全身《ぜんしん》がヌルヌルしてすべりやすく、トウチンを外《はず》すことは至難《しなん》の業《わざ》です。

ナメコの群生《ぐんせい》の近《ちか》くでじっとしている。

ヤミチッコウ

体長《たいちょう》15cm

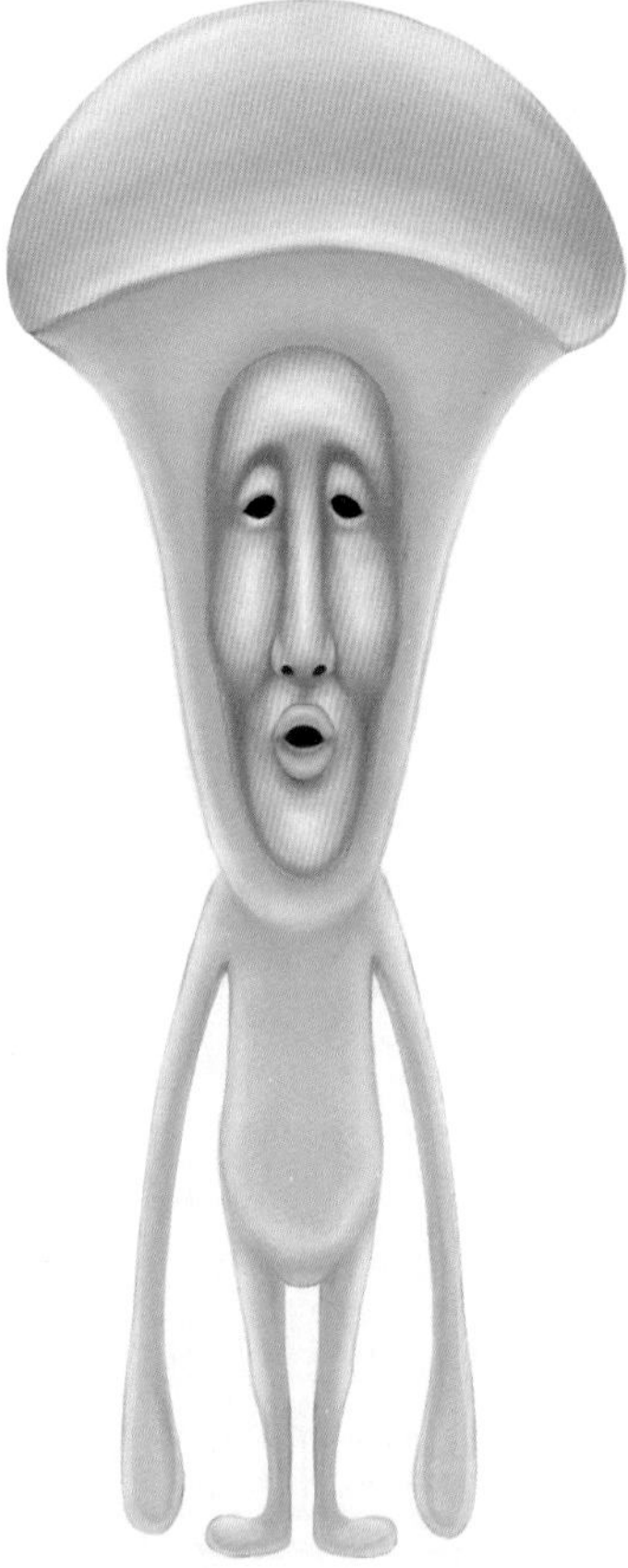

全身《ぜんしん》を発光《はっこう》させることができる、風変《ふうが》わりなキノコビトです。日中《にっちゅう》の太陽《たいよう》の光《ひかり》をためることができると考《かんが》えられていますが、なぜ発光《はっこう》させるのか理由《りゆう》はわかっていません。夜《よる》の森《もり》でヤミチッコウが放《はな》つ光《ひかり》は、とても幻想的《げんそうてき》です。

3人《にん》集《あつ》めれば読書《どくしょ》もできる。

ジジダシケムリ

体《たい》長《ちょう》15cm

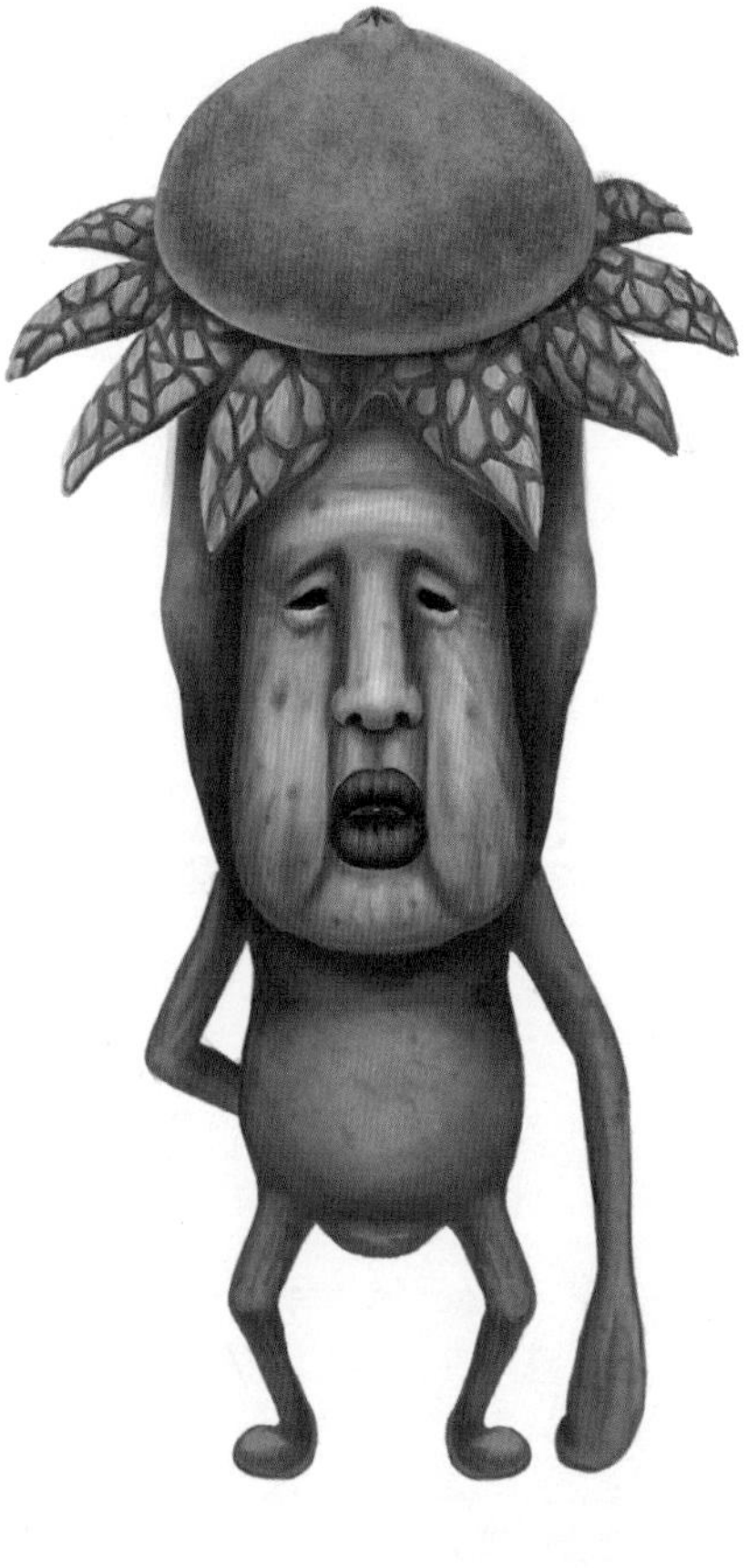

倒木《とうぼく》の陰《かげ》などでじっと動《うご》かず、時《とき》おりトウチンから怪《あや》しい粉《こな》を放出《ほうしゅつ》します。その行動《こうどう》の理由《りゆう》も粉《こな》の成分《せいぶん》も、まったくわかっていません。カレハナガシラというコビトと、なかがよいといわれています。

カレハナガシラ（右《みぎ》）と座《すわ》っている姿《すがた》が目撃《もくげき》されるが、お互《たが》い何《なに》をするわけでもない。

ベニヤマンバ

体《たい》長《ちょう》10cm

はでな赤《あか》いトウチンで、とても怪《あや》しげです。山奥《やまおく》に住《す》んでいるので、めったに姿《すがた》を見《み》ることはできませんが、逃《に》げるものを追《お》いかける習性《しゅうせい》があるといわれています。もし出会《であ》ってしまったら、目《め》をそらさず、ゆっくり後《あと》ずさりしてその場《ば》を立《た》ち去《さ》りましょう。後《うし》ろを向《む》いて逃《に》げることは、ぜったいにしてはいけません。

追《お》いかけるスピードはとても速《はや》く、小石《こいし》を投《な》げてくることも。

バカワラコロゲ

体《たい》長《ちょう》15cm

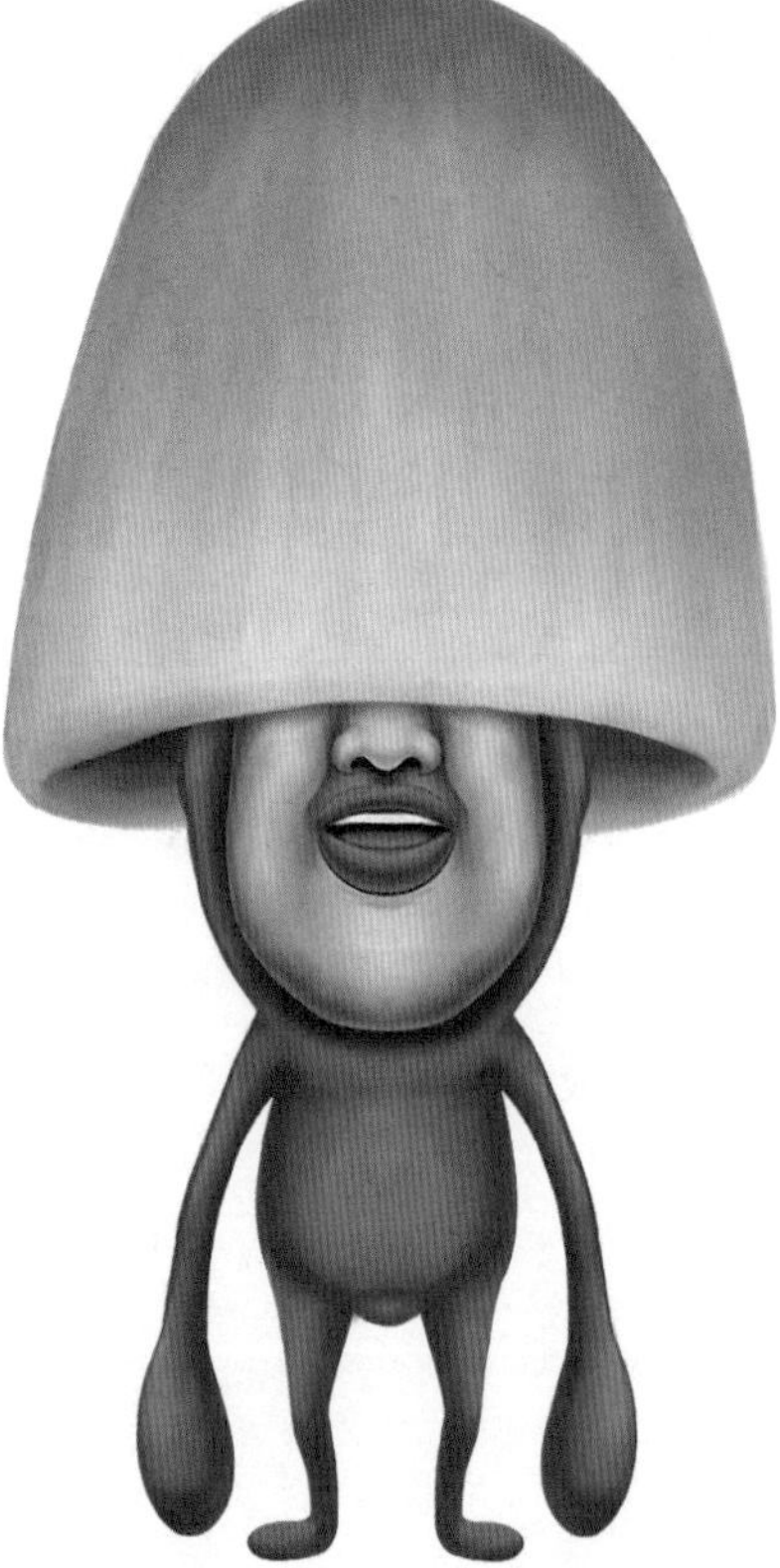

ひときわ大《おお》きなトウチンをもっています。時《とき》おり手足《てあし》をバタつかせ、口《くち》を開《あ》けて大《おお》笑《わら》いしているような行動《こうどう》をとります。なぜそうするのか、くわしいことはわかっていません。特殊《とくしゅ》な臭気《しゅうき》を出《だ》しているせいなのか、つられて笑《わら》ってしまうことがあります。

笑《わら》いが止《と》まらなくなってしまうこともあるので、注意《ちゅうい》が必要《ひつよう》だ。

第《だい》四《よん》章《しょう》　豊《ゆた》かな森《もり》を守《まも》るコビトたち

日本《にほん》の面積《めんせき》は約《やく》38万平方《まんへいほう》キロメートルで、そのうちのおよそ7割《わり》は森林《しんりん》です。国土《こくど》に占《し》める割合《わりあい》（森林率《しんりんりつ》）から見《み》ると、先進国《せんしんこく》の中《なか》で日本《にほん》は世界《せかい》第《だい》2位《い》の森林《しんりん》大国《たいこく》といえるのです。豊《ゆた》かな森《もり》は洪水《こうずい》や土砂《どしゃ》くずれを防《ふせ》いだり、きれいな地下水《ちかすい》を作《つく》ったり、二酸化炭素《にさんかたんそ》を吸《す》って酸素《さんそ》を出《だ》したりと、環境《かんきょう》にとってとても大事《だいじ》な役割《やくわり》を果《は》たしてくれています。

この章《しょう》では、そんな森《もり》の保全《ほぜん》に、さらに一役《ひとやく》買《か》っているコビトたちを紹介《しょうかい》していきます。

イヤシミドリバネ

体長《たいちょう》25cm

（トウチンは含《ふく》まない）

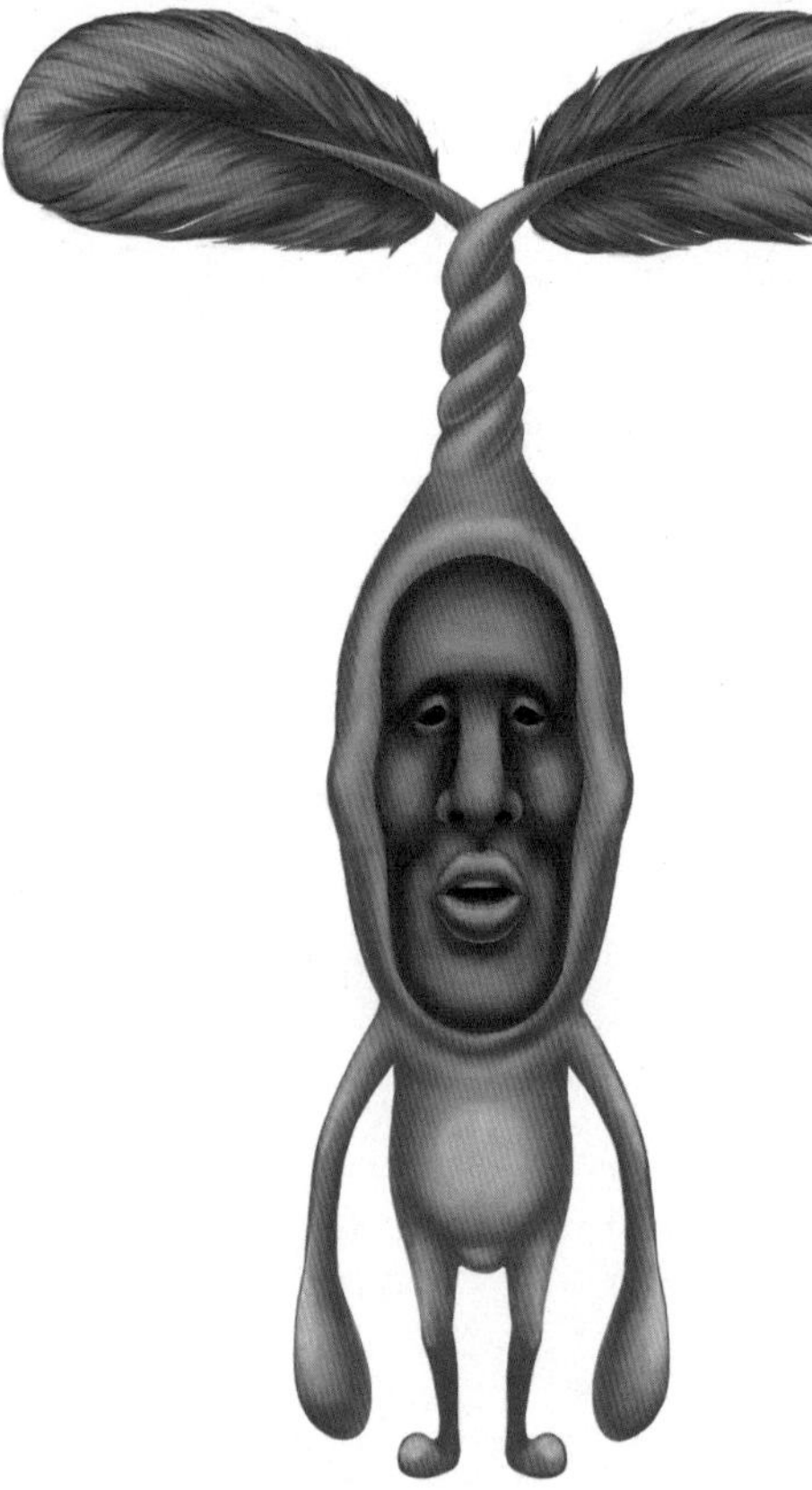

トウチンで空《そら》を飛《と》ぶことができます。羽根《はね》からは空気《くうき》の浄化《じょうか》、樹木《じゅもく》の成長《せいちょう》や保護《ほご》に役立《やくだ》つ「フィトンチッド」という成分《せいぶん》を大量《たいりょう》に発散《はっさん》させています。フィトンチッドは樹木《じゅもく》からも自然《しぜん》に放出《ほうしゅつ》されている成分《せいぶん》で、人間《にんげん》にとっては森林浴《しんりんよく》の効果《こうか》があるといわれています。食《た》べ物《もの》などはわかっていません。

親子《おやこ》で飛《と》んでいることが多《おお》い。トウチンの巻《まき》の数《かず》で年齢《ねんれい》がわかる。

タネマキチラシ

体長《たいちょう》20cm（トウチンは含《ふく》まない）

森《もり》を歩《ある》き回《まわ》り、樹木《じゅもく》の種《たね》を拾《ひろ》い集《あつ》めています。拾《ひろ》った種《たね》はいったん口《くち》に入《い》れ、特殊《とくしゅ》な液《えき》でコーティングを行《おこな》ったあと、トウチンにうめこんでいきます。こうすることで、種《たね》はより強《つよ》いものへと変化《へんか》します。そして時期《じき》が来《く》るとトウチンをふるわせ、種《たね》を森《もり》じゅうに散布《さんぷ》するのです。食《た》べ物《もの》は不明《ふめい》です。

口《くち》いっぱいに種《たね》をしまい、特殊《とくしゅ》な液《えき》でコーティング。これは種《たね》をじょうぶにする効果《こうか》がある。

種《たね》をトウチンにためこむ。トウチンからにじみ出《で》る栄《えい》養《よう》は、さらに種《たね》を強《つよ》くする。

モリコヤシ

体長《たいちょう》20㎝（トウチンは含《ふく》まない）

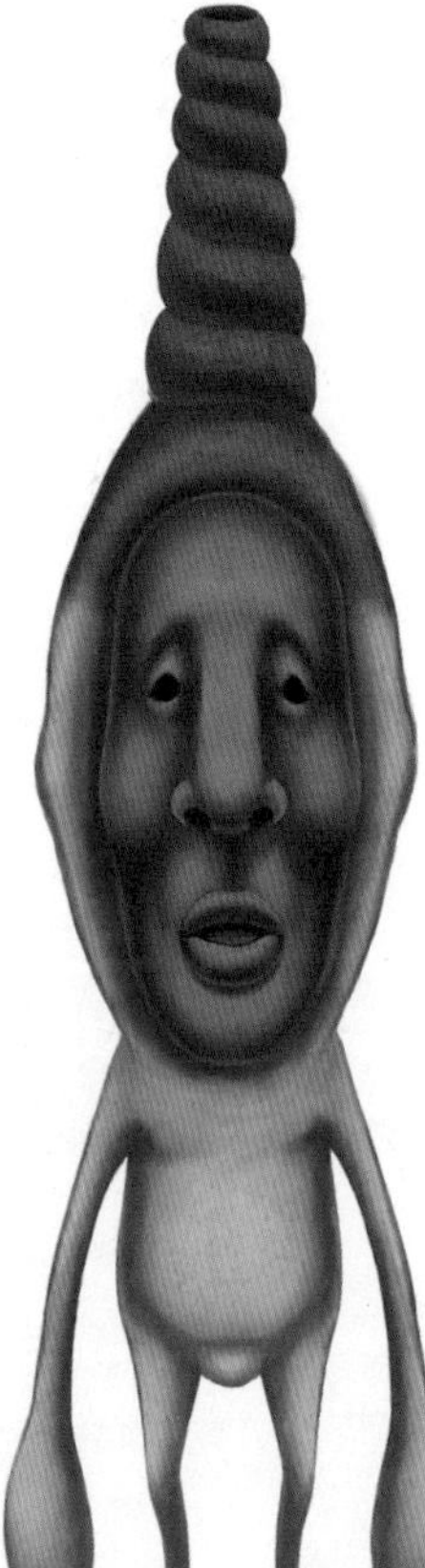

木《き》から木《き》へと森《もり》を移動《いどう》して回《まわ》ります。時《とき》おり枝《えだ》から逆《さか》さまになってぶら下《さ》がり、トウチンから茶色《ちゃいろ》の塊《かたまり》をぼたぼたと地面《じめん》に落《お》とします。これがとてもよい肥料《ひりょう》となって、樹木《じゅもく》の成長《せいちょう》を助《たす》けているのです。しかし、この成分《せいぶん》はまだ解明《かいめい》されていません。何《なに》を食《た》べているのかもわかっていません。

木《き》から木《き》へ、器用《きよう》に飛《と》び移《うつ》るモリコヤシ。

コケママゴト

体《たい》長《ちょう》20㎝（トウチンは含《ふく》まない）

モリモリゴケ（次《じ》ページ参照《さんしょう》）と、つねに行動《こうどう》をともにしています。トウチンは保湿性《ほしつせい》にすぐれ、つねに特殊《とくしゅ》な栄養《えいよう》をにじませています。コケママゴトは、このトウチンの中《なか》でたくさんのモリモリゴケを育《そだ》て、育《そだ》った順《じゅん》から森《もり》に放《はな》っていくのです。コケママゴトが何《なに》を食《た》べているのかは、わかっていません。

トウチンで育《そだ》てて森《もり》へ放《はな》つ。モリモリゴケがどこで誕《たん》生《じょう》し、トウチンの中《なか》でどうのように成長《せいちょう》しているのかは不明《ふめい》。

モリモリゴケ

体《たい》長《ちょう》5cm（トウチンは含《ふく》まない）

コケママゴトに育《そだ》てられ、成長《せいちょう》すると森《もり》へと巣立《すだ》ちます。モリモリゴケが住《す》みついた場所《ばしょ》は、豊《ゆた》かな苔《こけ》でおおわれるようになります。苔《こけ》は雨水《あまみず》をたくわえる役割《やくわり》があり、森《もり》の成長《せいちょう》の支《ささ》えになっているのです。食《た》べ物《もの》は不明《ふめい》です。オドシゴケ（210ページ参照《さんしょう》）とそっくりですが、別《べつ》種《しゅ》と考《かんが》えられています。

みずみずしい苔《こけ》のじゅうたんで寝《ね》そべるモリモリゴケ。

アマツボカグラ

体長《たいちょう》15cm（トウチンは含《ふく》まない）

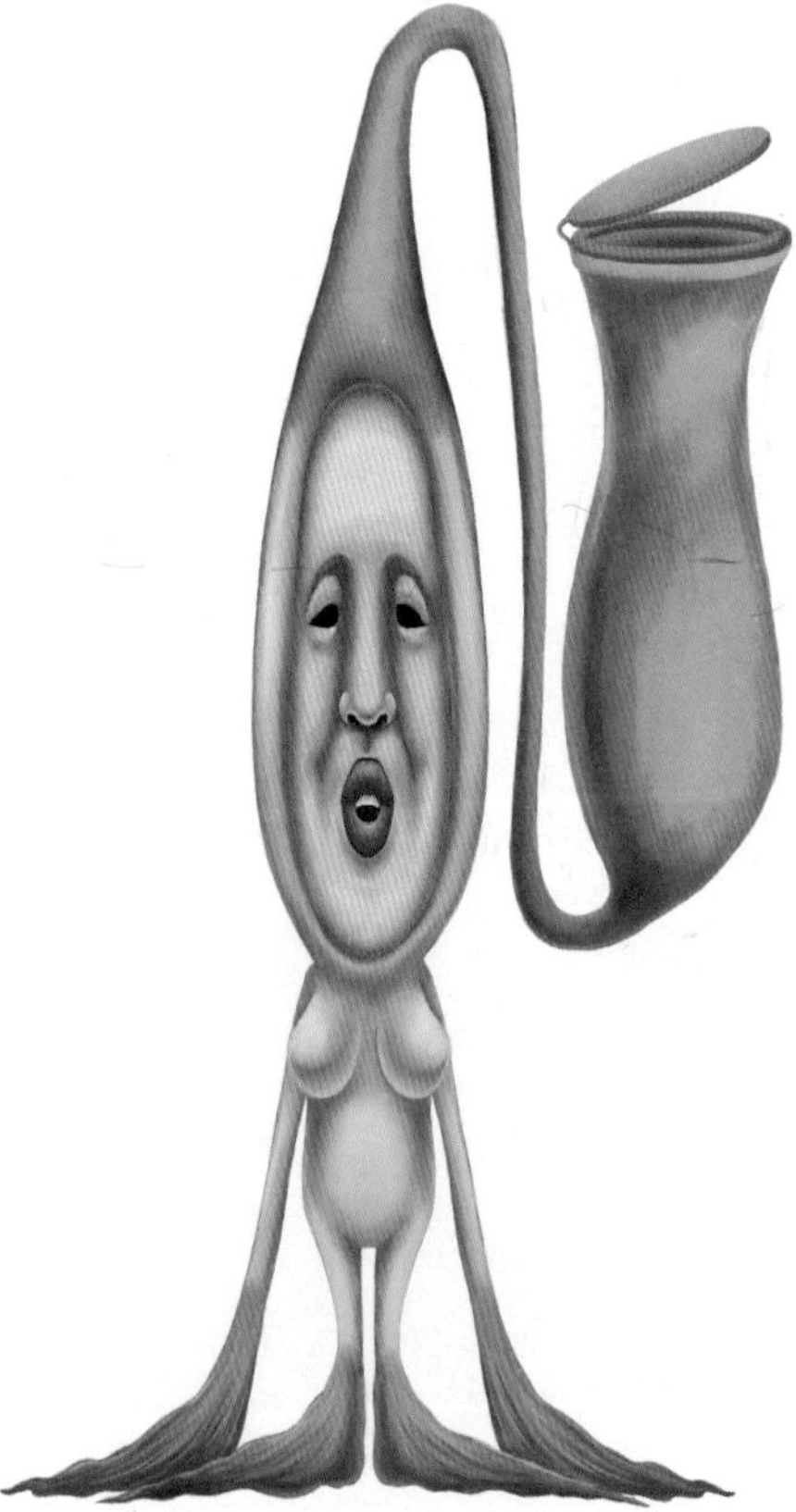

枝《えだ》や葉《は》の上《うえ》で羽衣《はごろも》のような手足《てあし》を優雅《ゆうが》に動《うご》かし、風にたなびかせています。そして、時《とき》おりトウチンを鼓《つづみ》のようにポンと叩《たた》き響《ひび》かせます。一連《いちれん》の動作《どうさ》はとても神秘《び》的《てき》なのですが、どうしてそうするのかはわかっていません。雨水《あまみず》をトウチンにためて特殊《とくしゅ》な養分《ようぶん》に変化《へんか》させ、病気《びょうき》や弱《よわ》った樹木《じゅもく》を見《み》つけては、その水《みず》を撒《ま》いて回《まわ》ります。

手足《てあし》を動《うご》かす仕草《しぐさ》は、踊《おど》っているかのようだ。

雨水《あまみず》をトウチンにためる。

豊《ゆた》かな森《もり》の立《たて》役《やく》者《しゃ》たち

①空気《くうき》を浄化《じょうか》。　②特殊《とくしゅ》な肥料《ひりょう》を撒《ま》く。　③弱《よわ》った樹木《じゅもく》を助《たす》ける。

④種《たね》を強《つよ》くして撒《ま》く。　⑤モリモリゴケを育《そだ》てる。　⑥苔《こけ》の繁殖《はんしょく》を促《うなが》す。

第五章《だいごしょう》　地中《ちちゅう》や洞《どう》くつにくらすコビトたち

コビトの中《なか》には、地面《じめん》の中《なか》や暗《くら》い洞《どう》くつをすみかにしているものもいるようです。地中《ちちゅう》のあるていど深《ふか》いところや洞《どう》くつは、一年《いちねん》を通《とお》して一定《いってい》の温度《おんど》に保《たも》たれていて快適《かいてき》なのかもしれません。また鳥《とり》や小動物《しょうどうぶつ》といった外敵《がいてき》も少《すく》なく、一見不便《いっけんふべん》に見《み》えるこうした環境《かんきょう》も、意外《いがい》と住《す》めば都《みやこ》なのでしょう。

タカラコガネ

体《たい》長《ちょう》20～25㎝（トウチンは含《ふく》まない）

全身《ぜんしん》が黄金色《こがねいろ》に輝《かがや》いています。金山《きんざん》や遺跡《いせき》の近《ちか》くで目撃《もくげき》されていて、せいそく場所《ばしょ》はどうやら「金《きん》」や「宝《たから》」といった言葉《ことば》が関係《かんけい》しているようです。特《とく》に金《きん》の匂《にお》いにはとても敏感《びんかん》で、土《つち》に含《ふく》まれたわずかな金《きん》も土《つち》ごと食《た》べ、体内《たいない》にためこんでしまいます。土《つち》の養分《ようぶん》も栄養《えいよう》にし、脱皮《だっぴ》をくり返《かえ》して成長《せいちょう》します。額《ひたい》には幸《しあわ》せの紋章《もんしょう》「コウモン」がついています。

抜《ぬ》け殻《がら》を手《て》にした者《もの》は、ばく大《だい》な富《とみ》を得《え》るといわれている。

メッキオオイ

体長《たいちょう》20〜25cm（トウチンは含《ふく》まない）

タカラコガネと似《に》ていますが、まったくの別種《べっしゅ》。体《からだ》はくすみ、額《ひたい》にある点《てん》はコウモンではありません。刺激《しげき》を与《あた》えるとトウチンの表面《ひょうめん》がはがれ、ただならぬ悪臭《あくしゅう》を放《はな》つので注意《ちゅうい》が必要《ひつよう》です。まれに川《かわ》に流《なが》され、町《まち》に現《あらわ》れることがあります。とつぜん悪臭《あくしゅう》が漂《ただよ》ってきたら、近《ちか》くにメッキオオイがいると考《かんが》えてまちがいありません。脱皮《だっぴ》をして成長《せいちょう》します。

悪臭《あくしゅう》はたえがたい！

タカラコガネとメッキオオイのちがいを徹《てっ》底《てい》比《ひ》較《かく》！

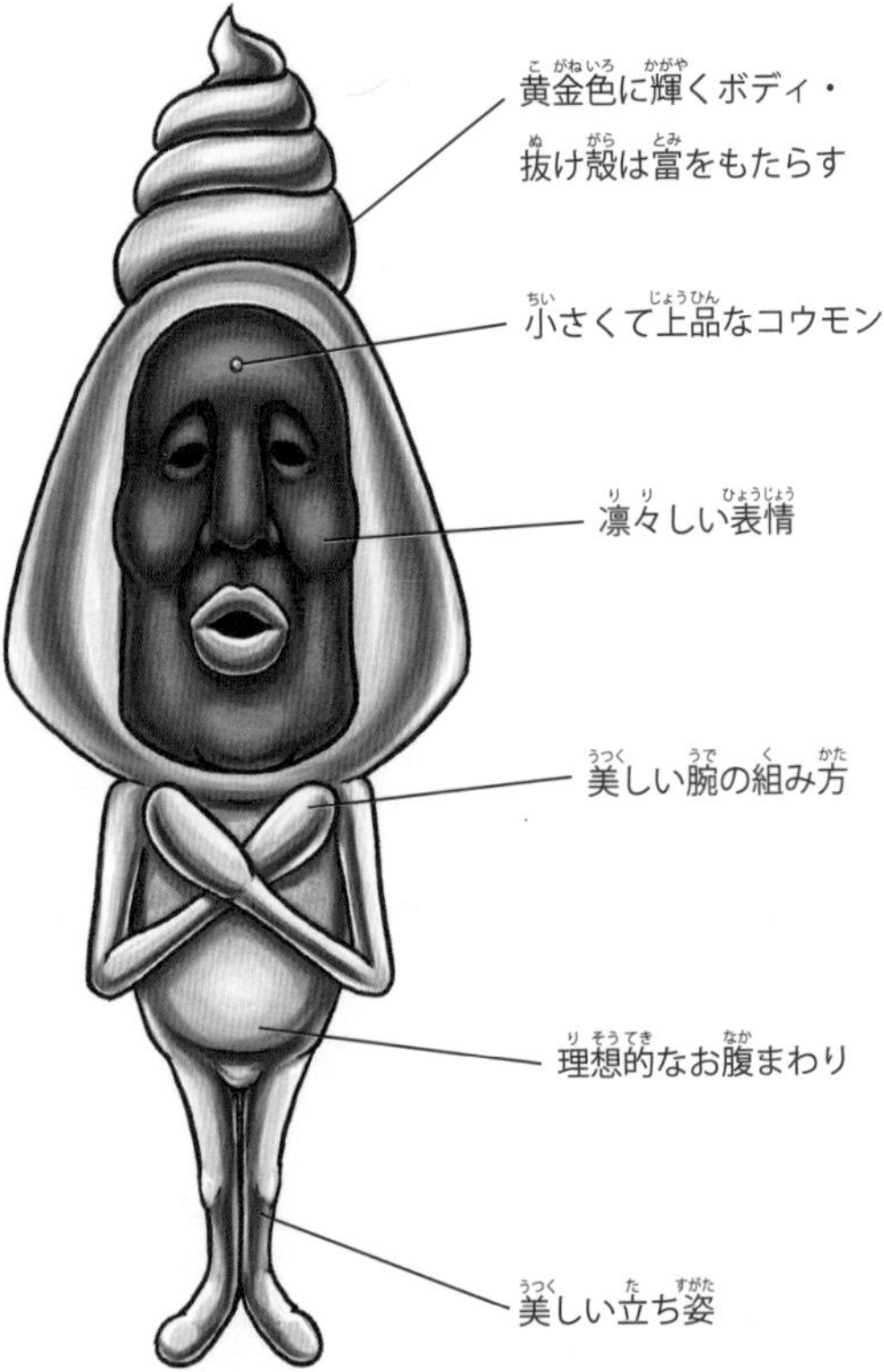

タカラコガネ

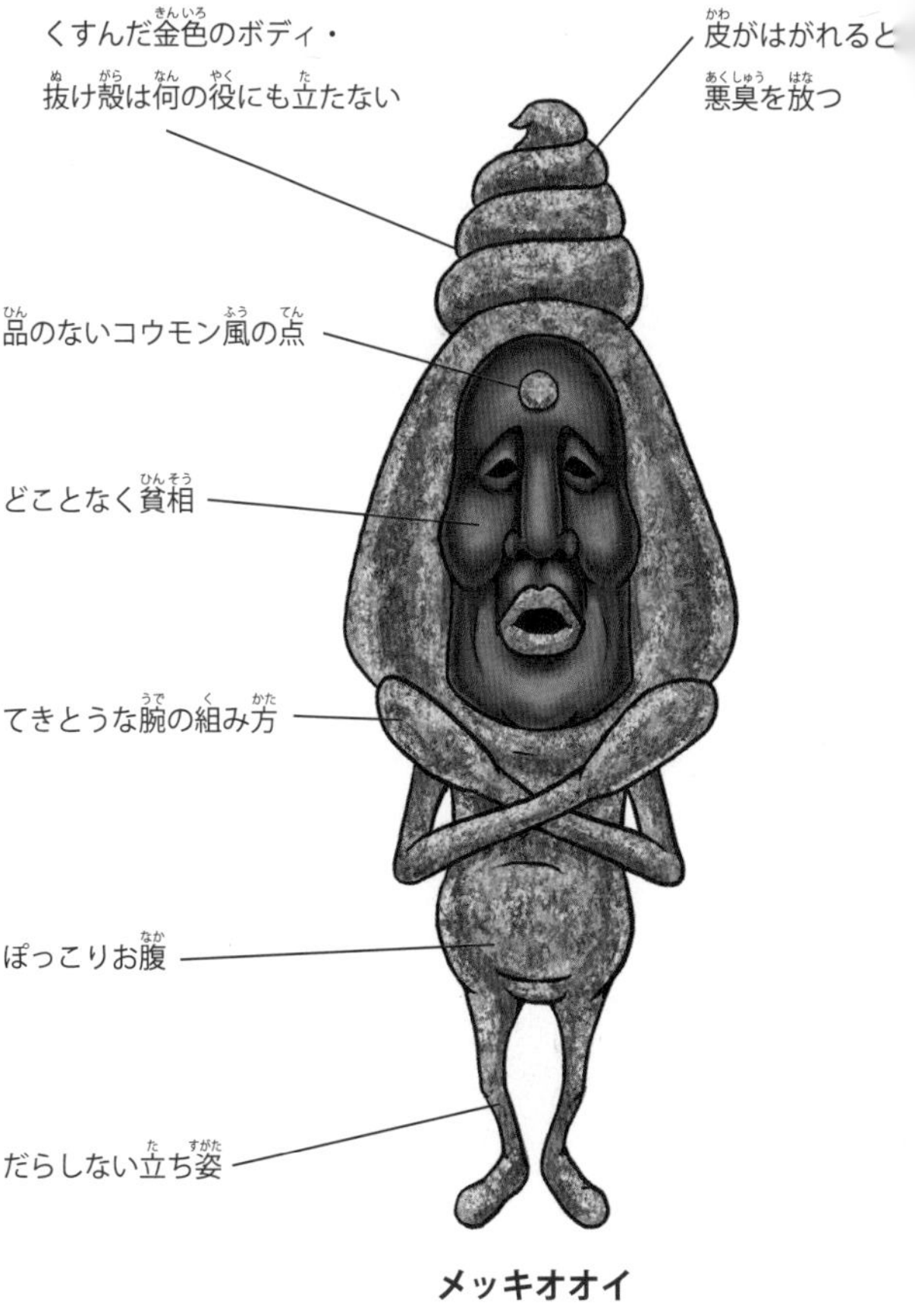
くすんだ金色《きんいろ》のボディ・
抜《ぬ》け殻《がら》は何《なん》の役《やく》にも立《た》たない
皮《かわ》がはがれると
悪臭《あくしゅう》を放《はな》つ
品《ひん》のないコウモン風《ふう》の点《てん》
どことなく貧相《ひんそう》
てきとうな腕《うで》の組《く》み方《かた》
ぽっこりお腹《なか》
だらしない立《た》ち姿《すがた》

メッキオオイ

ツチノコビト

体長《たいちょう》20〜25cm

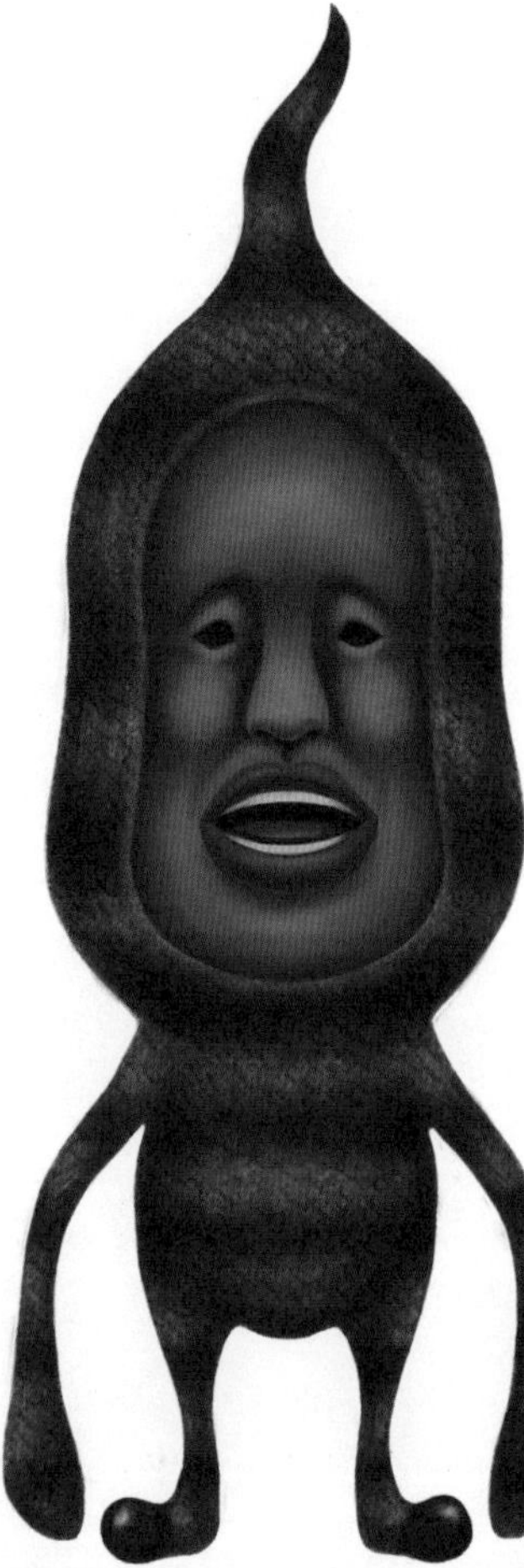

日中《にっちゅう》のほとんどを土《つち》の中《なか》や倒木《とうぼく》の陰《かげ》、石《いし》のすき間《ま》などに身《み》をひそめています。どう猛《もう》で、鳥《とり》や小動物《しょうどうぶつ》を襲《おそ》って食《た》べます。手足《てあし》をたたみ、強靱《きょうじん》なトウチンをバネのように弾《はず》ませて草陰《くさかげ》から飛《と》び出《だ》して来《く》るので、注意《ちゅうい》が必要《ひつよう》です。

トウチンから特殊《とくしゅ》な音波《おんぱ》を出《だ》し、獲物《えもの》を探知《たんち》する。

恐《おそ》るべき森《もり》のハンター、ツチノコビト！

手足《てあし》などを折《お》りたたみ、姿《すがた》を変《か》えることを「変態《へんたい》」といいます。ツチノコビトはたくみに変態《へんたい》し、獲物《えもの》に襲《おそ》いかかります。

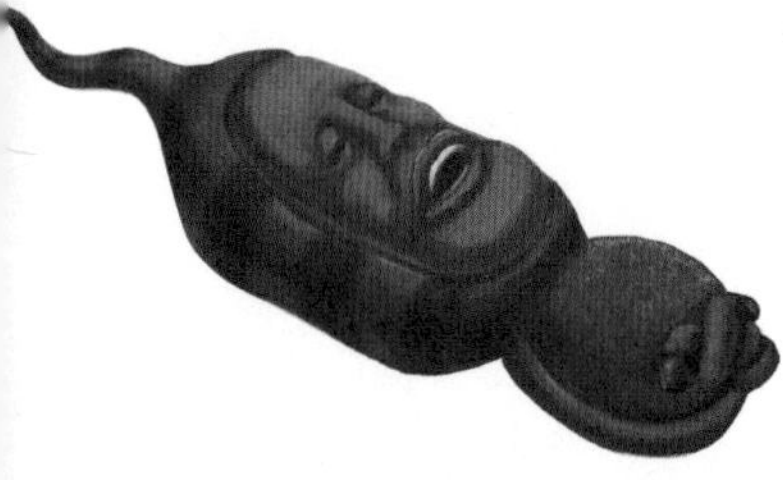

足《あし》を組《く》み、腕《うで》を体《からだ》にそわせて変態《へんたい》する。

姿《すがた》をとらえた貴重《きちょう》な一枚《いちまい》。

変態《へんたい》したままトウチンを地面《じめん》に押《お》しつけ、バネのようにその反動《はんどう》を利用《りよう》して獲物《えもの》に飛《と》びかかる。２メートル近《ちか》くジャンプすることも可能《かのう》だ。

タレショウニュウ

体長《たいちょう》25cm

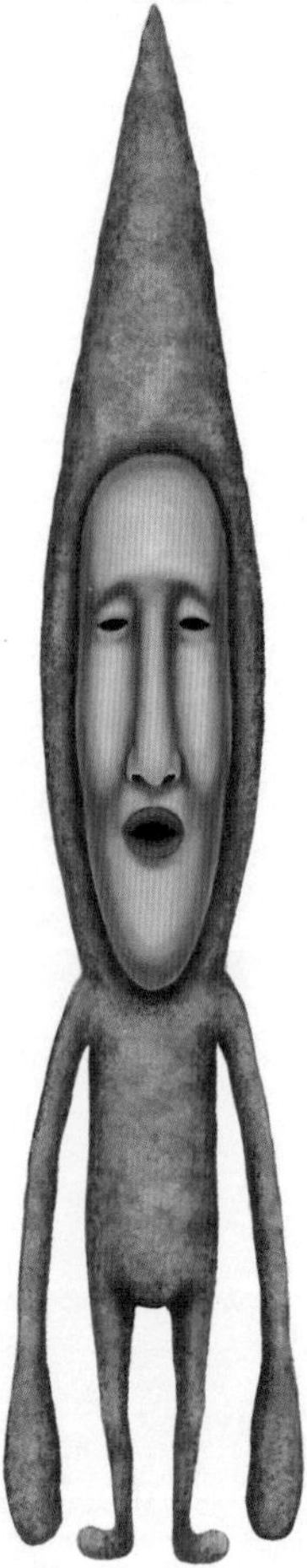

鍾乳洞《しょうにゅうどう》にせいそくし、つねに天井《てんじょう》からぶら下《さ》がっています。トウチンの表面《ひょうめん》から出《で》る液体《えきたい》は、洞《どう》くつに住《す》む生《い》き物《もの》の貴重《きちょう》な栄養源《えいようげん》になっているようです。ツラレツララ（200ページ参照《さんしょう》）と同《おな》じなかまだという説《せつ》もありますが、くわしいことはわかっていません。

トウチンからしみ出《で》る液《えき》は、栄養豊富《えいようほうふ》。

ハクシャクキドリ

体長《たいちょう》10〜15㎝（トウチンは含《ふく》まない）

トウチンで体《からだ》をおおい、天井《てんじょう》からぶら下《さ》がる姿《すがた》はコウモリと見分《みわ》けがつきません。日中《にっちゅう》は洞《どう》くつの中《なか》でじっとしていますが、夜《よる》になると洞《どう》くつを出《で》て獲物《えもの》を探《さが》しに出《で》かけます。木《き》の上《うえ》によじ登《のぼ》り獲物《えもの》を見《み》つけると、トウチンをパラシュートのようにしてまい降《お》りて来《き》ます。動物《どうぶつ》の体《からだ》に鋭《するど》い前歯《まえば》を刺《さ》し、こっそり血《ち》をいただくのです。

トウチンを広《ひろ》げて滑空《かっくう》する。空《そら》を飛《と》ぶことはできない。

痛《いた》みはなく、動物《どうぶつ》に気《き》づかれることはない。

アデヤカマブシ

体長《たいちょう》20㎝（トウチンは含《ふく》まない）

洞《どう》くつに住《す》み、夜《よる》になると獲物《えもの》を求《もと》め外《そと》に出《で》てきます。トウチンの先《さき》を発光《はっこう》させることができ、サーチライトのように照《て》らして、眠《ねむ》っているトカゲやネズミ、昆《こん》虫《ちゅう》などを見《み》つけては食《た》べてしまいます。

また粘着性《ねんちゃくせい》のある特殊《とくしゅ》な皮膚《ひふ》は、どんなところにもピタリと張《は》りつくことが可能《かのう》です。

敵《てき》を威嚇《いかく》する時《とき》、強烈《きょうれつ》な光《ひかり》を放《はな》つ。この光《ひかり》が目《め》に入《はい》ると、とても危険《きけん》だ。

イシノケッショウのなかま

地底《ちてい》や洞《どう》くつ、岩山《いわやま》などにくらし、日《ひ》の当《あ》たる場所《ばしょ》に出《で》て来《く》ることはめったにありません。トウチンはひじょうに硬《かた》く、長《なが》い年《ねん》月《げつ》をかけゆっくり肥大化《ひだいか》させていきます。あるていど大《おお》きくなると、トウチンを強引《ごういん》に岩石《がんせき》にうめこみ、ポキっと根元《ねもと》から切《き》り離《はな》してしまいます。そして再《ふたた》びトウチンが大《おお》きくなるまで、暗《くら》い場所《ばしょ》でじっとすごすのです。この行動《こうどう》が何《なん》のためなのか、何《なに》を食《た》べているのかなど、くわしいことは一切《いっさい》わかっていません。ちなみに、岩石《がんせき》の中《なか》から見《み》つかったイシノケッショウたちのトウチンは、最高《さいこう》ランクの宝石《ほうせき》として高値《たかね》でとり引《ひ》きされているようです。

イシノケッショウ

体《たい》長《ちょう》5〜10㎝（トウチンは含《ふく》まない）

透明度《とうめいど》の高《たか》いトウチンは見《み》る者《もの》を魅了《みりょう》し、魔除《まよ》けの効果《こうか》があるといわれています。さらに、もしイシノケッショウ自身《じしん》を玄《げん》関《かん》やリビングにまねき入《い》れることができれば、これ以上《いじょう》ない最強《さいきょう》の運気《うんき》を手《て》に入《い》れることができるのです。もっとも、このコビトが好《この》む環境《かんきょう》を整《ととの》えることがぜったい条件《じょうけん》なのですが、何《なに》よりこのコビトに出会《であ》うことは至難《しなん》の業《わざ》といえましょう。

パワーストーンよりだんぜん効果《こうか》が高《たか》い。

ダイヤダイコウブツ

体長《たいちょう》２～４㎝

（トウチンは含《ふく》まない）

ルビーダイコウブツ

体長《たいちょう》２～４㎝

（トウチンは含《ふく》まない）

サファイアダイコウブツ

体長《たいちょう》２～４㎝

（トウチンは含《ふく》まない）

ターコイズダイコウブツ

体長《たいちょう》2～4㎝

（トウチンは含《ふく》まない）

エメラルドダイコウブツ

体長《たいちょう》2～4㎝

（トウチンは含《ふく》まない）

オパールダイコウブツ

体長《たいちょう》2～4㎝

（トウチンは含《ふく》まない）

写真：Papin Lab / Shutterstock.com

第《だい》六《ろく》章《しょう》　その他《ほか》、山《やま》や森《しん》林《りん》にくらすコビトたち

温《おん》帯《たい》に属《ぞく》し、はっきりした四《し》季《き》があるのが日《に》本《ほん》の気《き》候《こう》の特《とく》徴《ちょう》です。また日《に》本《ほん》列《れっ》島《とう》は南《なん》北《ぼく》に長《なが》く、海《かい》流《りゅう》や季《き》節《せつ》風《ふう》の影《えい》響《きょう》があるため、北《ほっ》海《かい》道《どう》は亜《あ》寒《かん》帯《たい》、南《みなみ》の沖《おき》縄《なわ》は亜《あ》熱《ねっ》帯《たい》といった具《ぐ》合《あい》に、地《ち》域《いき》によって気《き》候《こう》が変《へん》化《か》します。豊《ゆた》かな気《き》候《こう》と森《しん》林《りん》資《し》源《げん》に恵《めぐ》まれた日《に》本《ほん》の自《し》然《ぜん》は、多《おお》くの生《い》き物《もの》がくらすかけがえのない場《ば》所《しょ》になっています。それはコビトにとっても例《れい》外《がい》ではありません。せいそくする種《しゅ》類《るい》が多《おお》く、新《しん》種《しゅ》発《はっ》見《けん》の期《き》待《たい》が大《おお》きいのはこうした山《やま》や森《しん》林《りん》と考《かん》えられているのです。

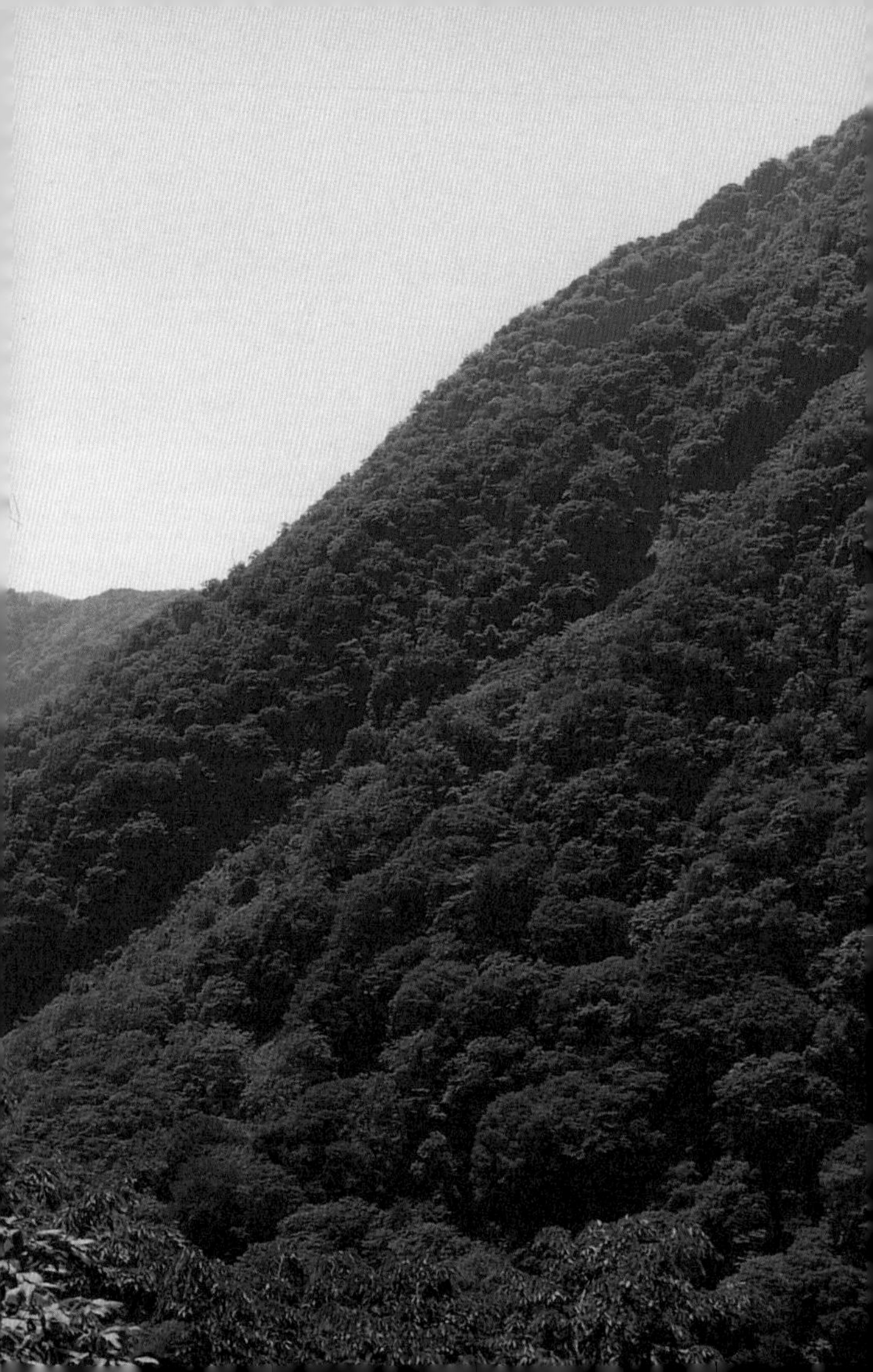

キラワレスギのなかま

ふだんは木《き》の実《み》や木《き》の皮《かわ》を食《た》べているのですが、ある時期《じき》になると花粉《かふん》を食《た》べるようになり、体内《たいない》で「トウフン」という物質《ぶっしつ》に変化《へんか》させてしまいます。やがてトウフンはトウチンへ蓄《たくわ》えられて、時期《じき》が来《く》るとトウチンをふり乱《みだ》し、トウフンをまき散《ち》らしてしまうのです。目《め》のかゆみ、くしゃみ、鼻《はな》水《みず》といった花粉症《かふんしょう》の一因《いちいん》は、このコビトにもあるようです。野原《のはら》にせいそくするブタクサビジン、ミチイネカムリも、このキラワレスギのなかまです。

キラワレスギ

体長《たいちょう》15～18㎝（トウチンは含《ふく》まない）

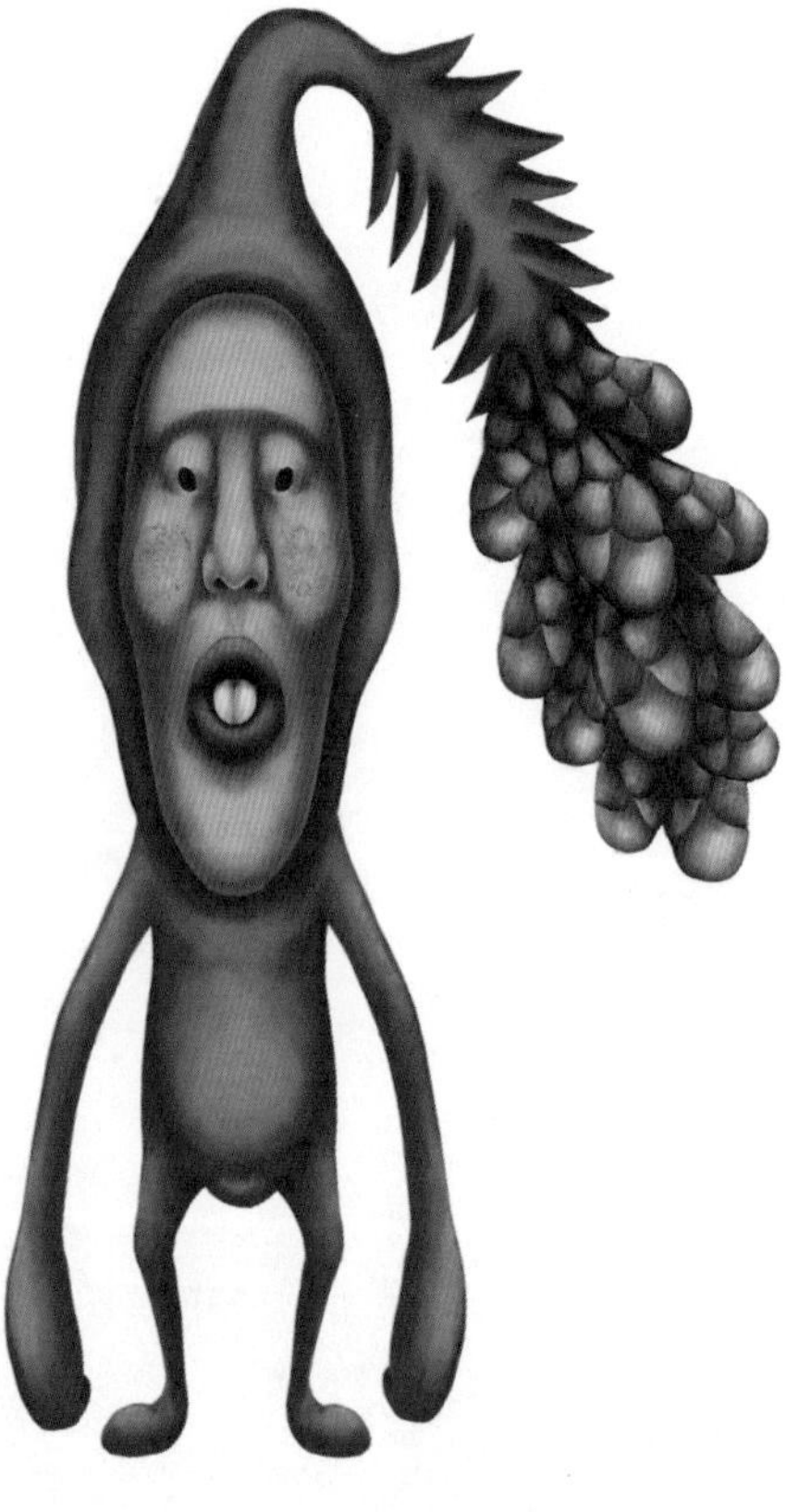

スギの木《き》や、その周辺《しゅうへん》にせいそくしています。強力《きょうりょく》な前歯《まえば》で木《き》の実《み》や樹皮《じゅひ》を食《た》べていますが、2月《がつ》から4月《がつ》にかけてスギの花粉《かふん》を食《た》べるようになり、その後《ご》トウフンをまき散《ち》らします。他《ほか》のなかまと比《くら》べてもトウフンの量《りょう》がいちだんと多《おお》く、人間《にんげん》にとっては困《こま》った存在《そんざい》です。じょうぶな前歯《まえば》は、古《ふる》くなると生《は》え変《か》わります。

勢《いきお》いをつけてトウフンをまき散《ち》らす。

ヒノキオ

体長《たいちょう》15〜18㎝（トウチンは含《ふく》まない）

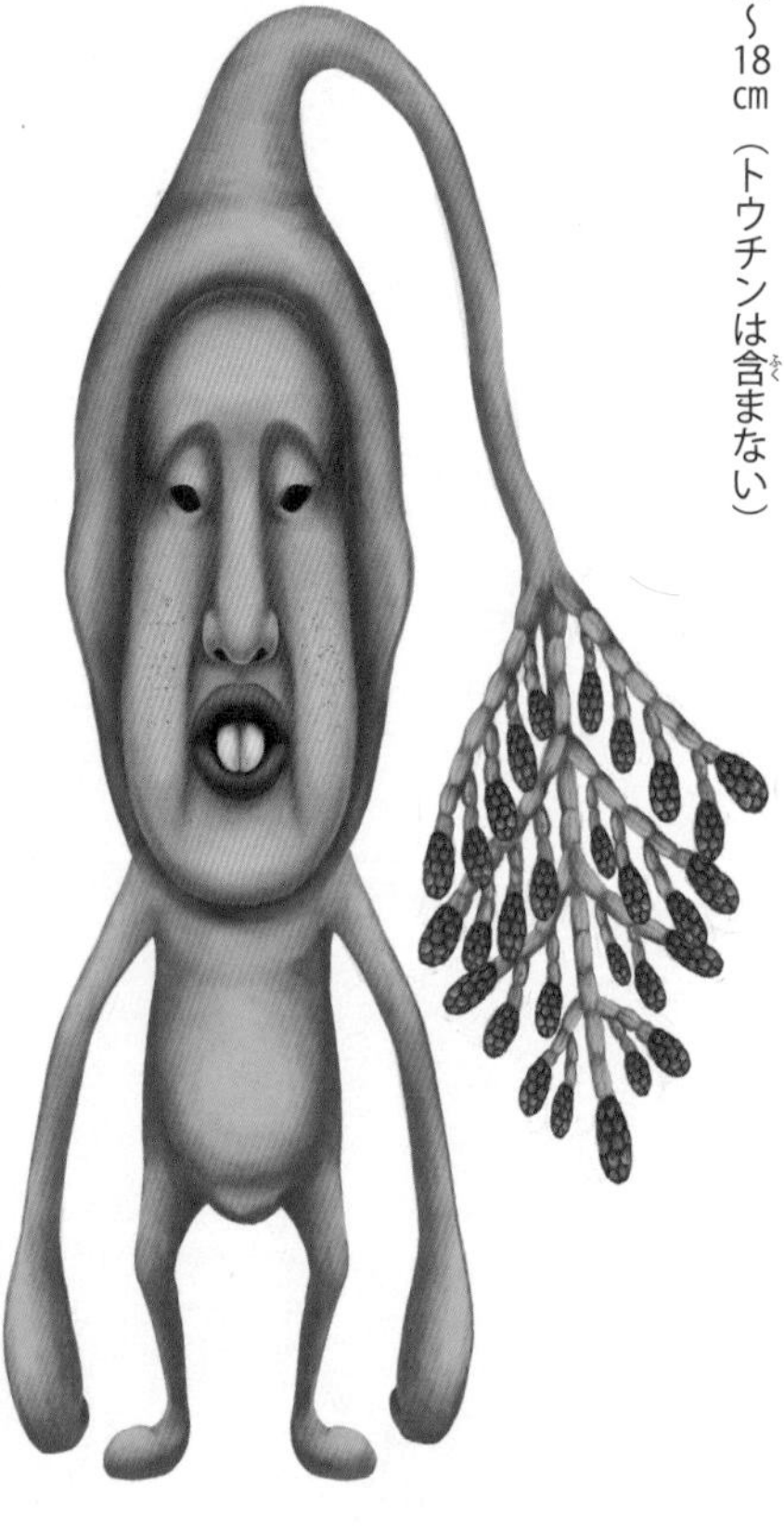

ヒノキの木《き》や、その周辺《しゅうへん》にせいそくしています。ふだんは木《き》の実《み》や木《き》の皮《かわ》を食《た》べていますが、3月《がつ》ごろになるとヒノキの花粉《かふん》を食《た》べるようになり、トウフンをまき散《ち》らします。じょうぶな前歯《まえば》は、古《ふる》くなると生《は》え変《か》わります。

トウチンを上下《じょうげ》にシャンシャンふって、トウフンをまき散《ち》らす。

シラカバブー

体長《たいちょう》15㎝（トウチン《》は含《ふく》まない）

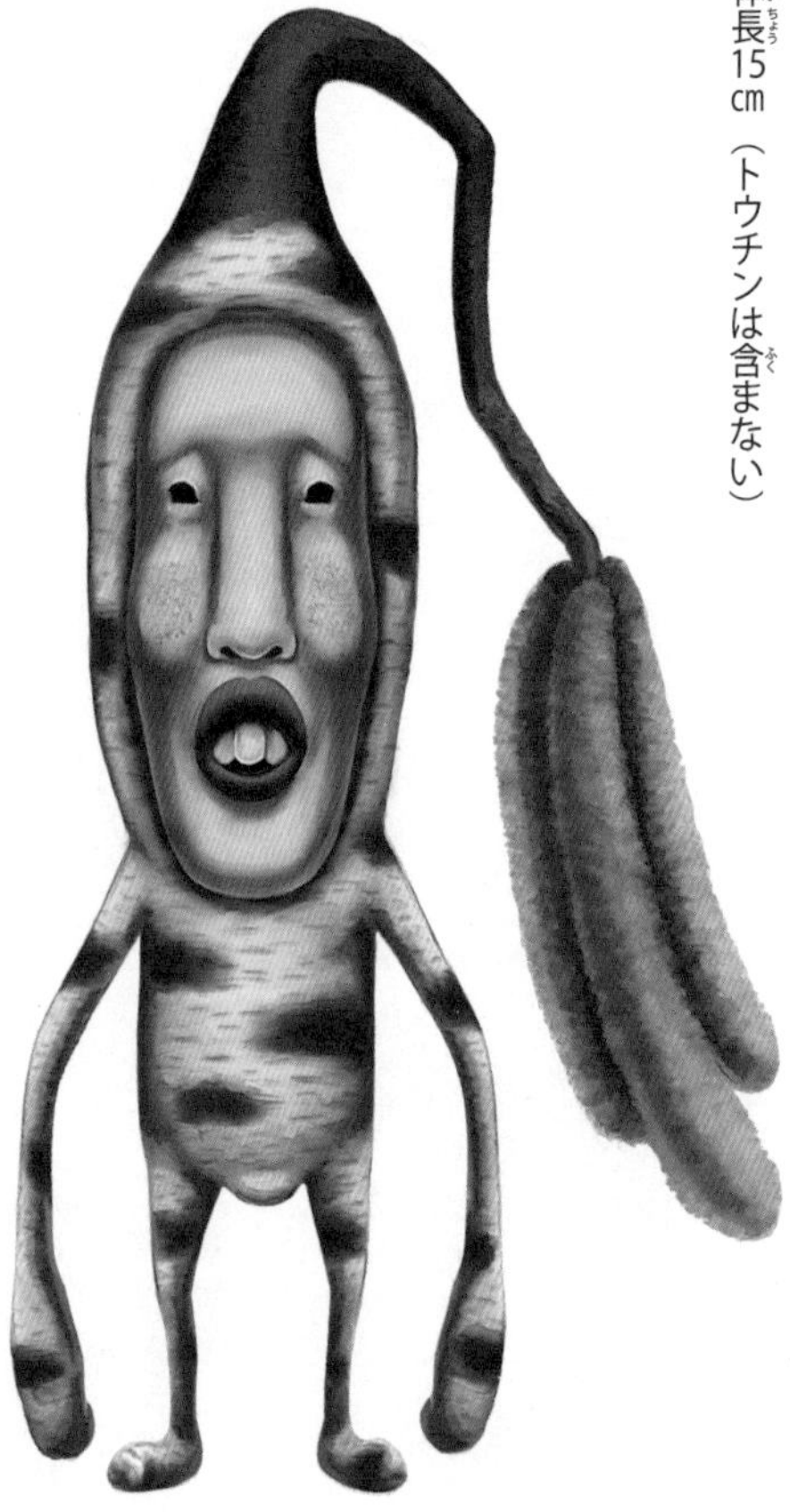

シラカバの木《き》や、その周辺《しゅうへん》にせいそくしています。ふだんは木《き》の実《み》や木《き》の皮《かわ》を食《た》べていますが、4月《がつ》ころになるとシラカバの花粉《かふん》を食《た》べるようになり、トウフンをまき散《ち》らします。じょうぶな前歯《まえば》は、古《ふる》くなると生《は》え変《か》わります。シラカバモドキ（20ページ参照《さんしょう》）と似《に》ていますが、別種《べっしゅ》です。

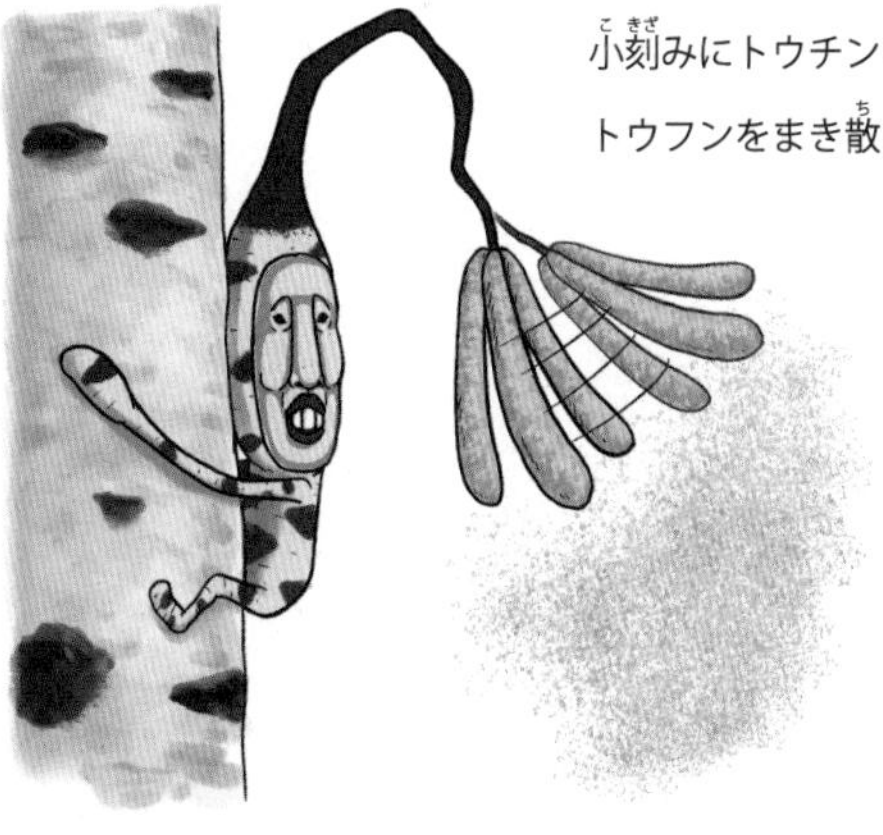

小刻《こきざ》みにトウチンをふり、トウフンをまき散《ち》らす。

ヤマビコビト
のなかま

比較的標高《ひかくてきひょうこう》の高《たか》い山《やま》に住《す》んでいます。棒状《ぼうじょう》に格納《かくのう》されているトウチンは、広《ひろ》げると１枚《まい》の布《ぬの》のような形《かたち》をしています。ヤマビコビトはこのトウチンを広《ひろ》げ、いろいろなことに活用《かつよう》しています。雑食《ざっしょく》で、主《おも》に木《き》の実《み》や小動物《しょうどうぶつ》を食《た》べています。

ヤマビコビト

体長《たいちょう》18～20cm（トウチンは含《ふく》まない）

獲物《えもの》となる小動物《しょうどうぶつ》を捕《と》らえる時《とき》や、敵《てき》を威嚇《いかく》する時《とき》はトウチンを広《ひろ》げます。またトウチンを広《ひろ》げ、ムササビのように木《き》から木《き》へ飛《と》び移《うつ》ることができます。性格《せいかく》はおとなしく、じょうずに接《せっ》すると人《ひと》になつくこともあるようです。

威嚇《いかく》する時《とき》は、トウチンを広《ひろ》げる。

ミヤマヤマビコビト

体長《たいちょう》18～20㎝（トウチンは含《ふく》まない）

寒《さむ》い地方《ちほう》にくらしているため、ヤマビコビトよりも体毛《たいもう》が多《おお》く長《なが》いのが特徴《とくちょう》です。捕食《ほしょく》や威嚇《いかく》、空《そら》を滑空《かっくう》する時《とき》は、トウチンを広《ひろ》げて活用《かつよう》します。気《き》が荒《あら》く、人《ひと》になつくことはありません。

威嚇《いかく》する時《とき》は、トウチンを広《ひろ》げる。

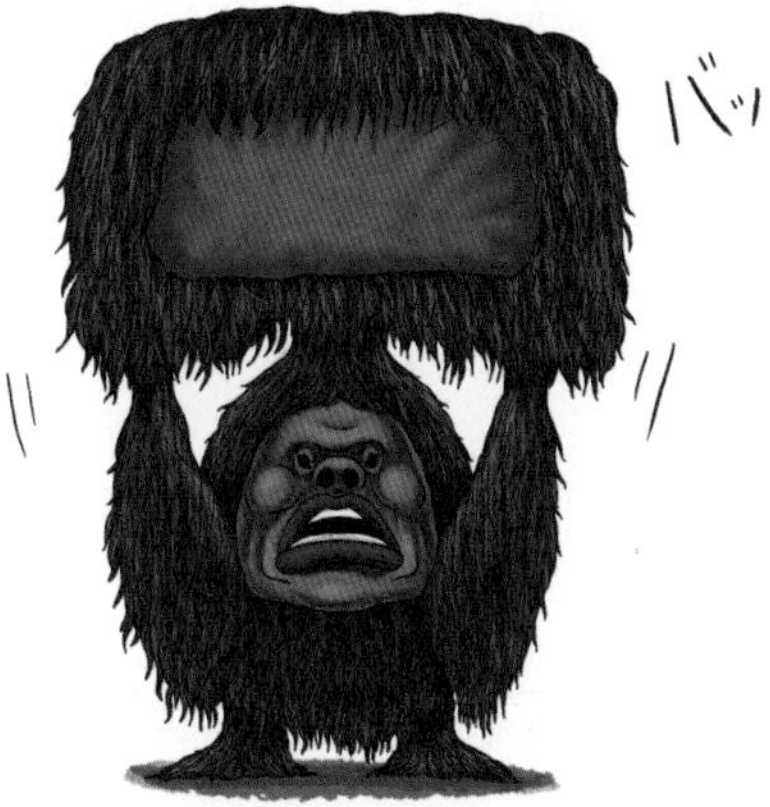

ヤマビコビトのトウチンについて

役割《やくわり》その1

ムササビのように、高《たか》い木《き》の上《うえ》から滑《かっ》空《くう》することができます。

役割《やくわり》その2

ネズミやトカゲなどの小動物《しょうどうぶつ》を捕《と》らえます。そっと獲物《えもの》に近《ちか》づき、一瞬《いっしゅん》のうちにおおいかぶせてしまいます。トウチンを投網《とあみ》のように使《つか》うのです。

役割《やくわり》その3

トウチンを広《ひろ》げ、大《おお》きく見《み》せることで敵《てき》を威嚇《いかく》します。またヤマビコビトのなかまは大《おお》きな音《おと》が苦手《にがて》で、特《とく》に登山者《とざんしゃ》の「ヤッホー！」という声《こえ》が大《だい》きらいです。この声《こえ》を聞《き》いたとたん、山《やま》じゅうのヤマビコビトたちがいっせいに威嚇《いかく》のポーズをとるといわれています。その声《こえ》がトウチンに反響《はんきょう》し、やまびことなって返《かえ》ってくるとも考《かんが》えられているのです。やまびこ現《げん》象《しょう》が起《お》こる場所《ばしょ》には、ヤマビコビトがいる可能性《かのうせい》が高《たか》いといえます。

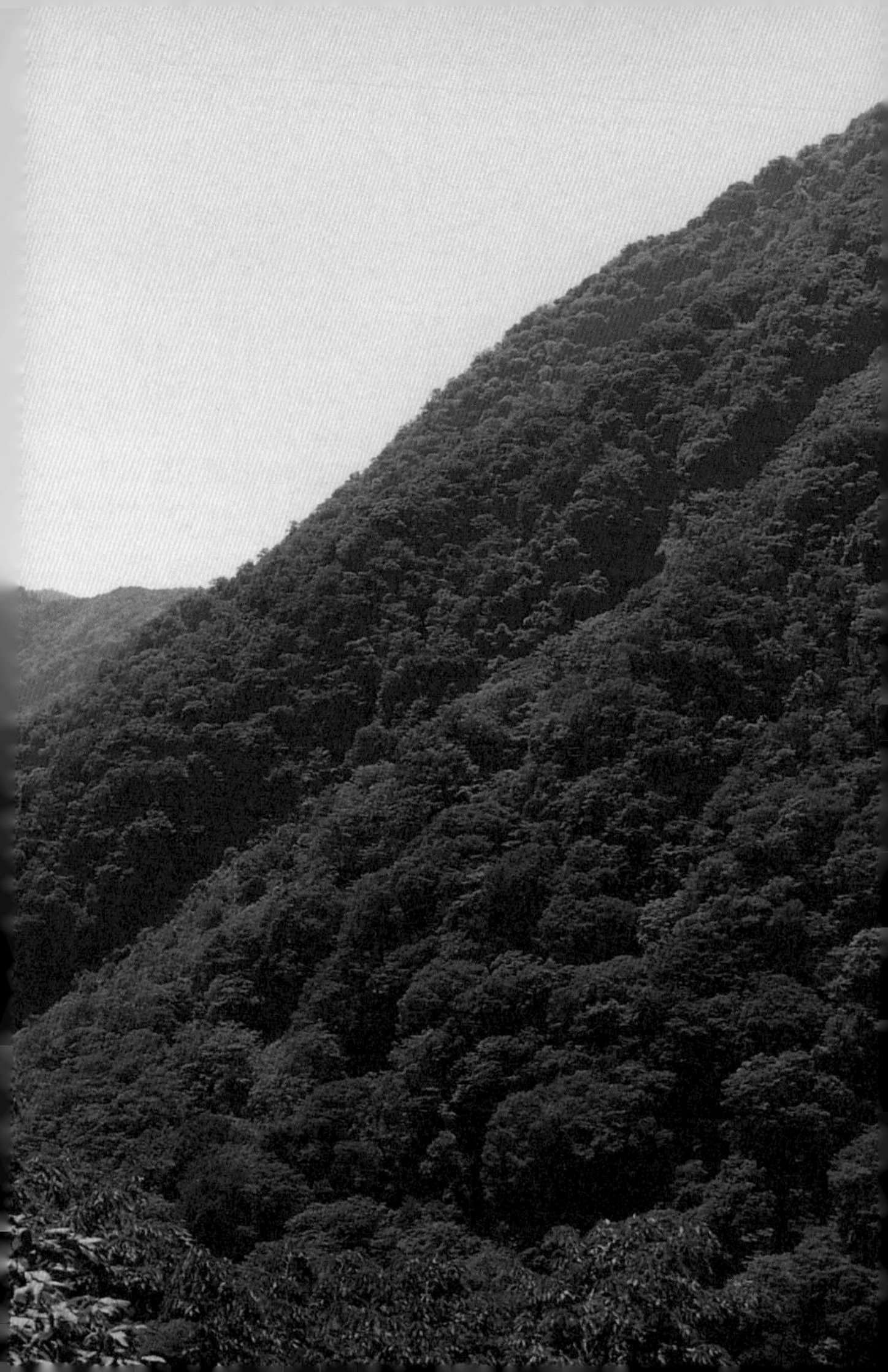

マヨケシロバネのなかま

森林《しんりん》にくらすコビトで、どういうわけか病《びょう》気《き》やけがをした動物《どうぶつ》（鳥《とり》）を探《さが》しては、治《ち》療《りょう》をしてあげるという不思議《ふしぎ》な習性《しゅうせい》をもっています。額《ひたい》にはコウモンがあり、食《た》べ物《もの》などは不明《ふめい》です。彼《かれ》らの驚異《きょうい》の治療術《ちりょうじゅつ》や、謎《なぞ》めいた生態《せいたい》をじっくり見《み》てみましょう。

マヨケシロバネ

体長《たいちょう》15～20㎝（トウチンは含《ふく》まない）

動物《どうぶつ》を治療《ちりょう》するコビトです。複数《ふくすう》の羽根《はね》状《じょう》のトウチンは1本《ぽん》1本《ぽん》抜《ぬ》くことができ、その先端《せんたん》は注射針《ちゅうしゃばり》のようになっています。トウチンの針《はり》には、麻酔効果《ますいこうか》のある成分《せいぶん》がつねに分泌《ぶんぴつ》されています。マヨケシロバネは、このトウチンをダーツのように投《な》げて命中《めいちゅう》させ、動物《どうぶつ》が眠《ねむ》るのを待《ま》ってから、じっくり治療《ちりょう》をはじめるのです。トウチンは抜《ぬ》かれても再生《さいせい》されます。

頭《あたま》からトウチンを抜《ぬ》いて、
ダーツのように投《な》げる。

ヤクトリコウハク

体長《たいちょう》15〜18㎝（トウチンは含《ふく》まない）

鳥《とり》の治療《ちりょう》をするコビトです。大《おお》きくて美《うつく》しい羽根《はね》状《じょう》のトウチンをもっていますが、ヤクトリコウハクの注射針《ちゅうしゃばり》はここではありません。彼《かれ》が麻酔《ますい》として使《つか》う針《はり》は、トウチンの根本《ねもと》にある無数《むすう》の棘《とげ》です。鳥《とり》を見《み》つけると必《かなら》ず2本《ほん》の棘《とげ》を抜《ぬ》き、背後《はいご》から刺《さ》して眠《ねむ》らせます。棘《とげ》は抜《ぬ》かれても再《さい》生《せい》されます。

この棘《とげ》でツボを刺激《しげき》すると、
長生《ながい》きするといわれている。
使《つか》う針《はり》は必《かなら》ず２本《ほん》。

それぞれの治療《ちりょう》スタイルのちがい

マヨケシロバネの場合《ばあい》

①麻酔針《ますいばり》のトウチンを、ダーツのように投《な》げて命中《めいちゅう》させる。

②眠《ねむ》った動物《どうぶつ》の前《まえ》で目《め》を閉《と》じ、トウチンをザワザワと音《おと》を立《た》てふるわせる。

この時《とき》、コウモンの色《いろ》は青《あお》くなる。

③トウチンを地面《じめん》に突《つ》き立《た》て、静《しず》かに立《た》ち去《さ》る。

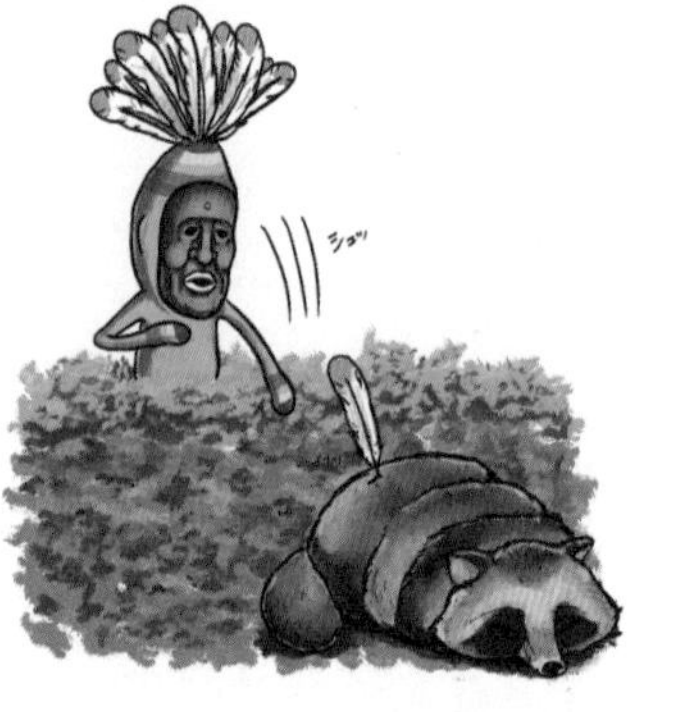

羽音《はおと》やかかる時間《じかん》には複数《ふくすう》のパターンが確認《かくにん》されていて、動物《どうぶつ》の症状《しょうじょう》によって方《ほう》法《ほう》を変《か》えていると考《かんが》えられています。

ヤクトリコウハクの場合《ばあい》

①頭《あたま》にある麻酔針《ますいばり》の棘《とげ》を2本抜《ほんぬ》き、背後《はいご》からそっと近《ちか》づいてそれを刺《さ》す。

②眠《ねむ》った鳥《とり》の体《からだ》を、大《おお》きなトウチンでバサッバサッと音《おと》を立《た》て左右《さゆう》に払《はら》う。

これを「オハライ」という。

③その場《ば》に棘《とげ》を置《お》いて立《た》ち去《さ》る。

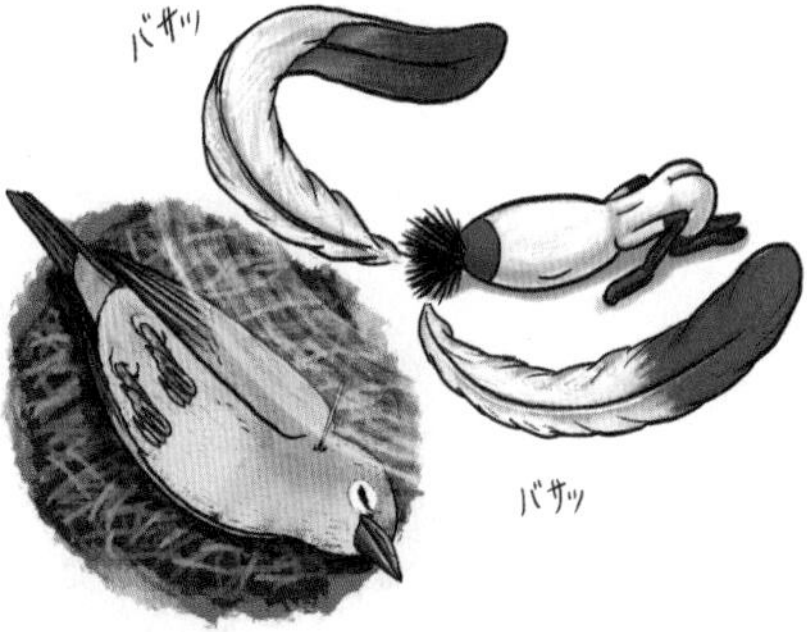

ヤクトリコウハクにオハライされた鳥《とり》は、長《なが》生《い》きするといわれています。

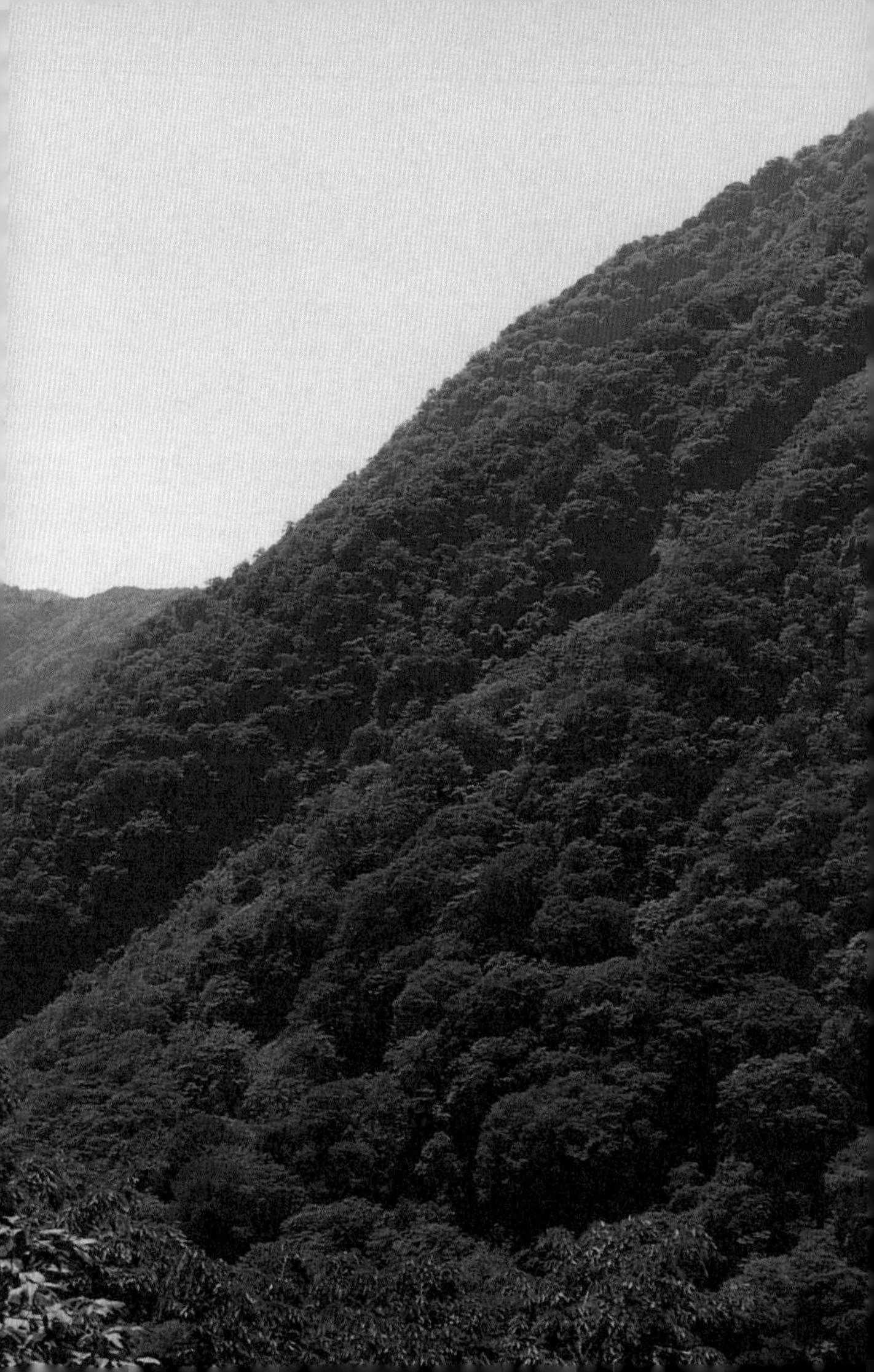

ドングリクラベ
のなかま

木《き》の実《み》に似《に》せた姿《すがた》をし、木《き》の実《み》にまぎれてくらしています。ほとんど木《き》の上《うえ》で活動《かつどう》していますが、まれに地上《ちじょう》にも降《お》りて来《く》るようです。日々《ひび》、何《なに》をしてどんなものを食《た》べているのかなど、くわしい生態《せいたい》はわかっていません。

ドングリクラベ

体長《たいちょう》4〜6㎝

ドングリ（ナラ、カシ、シイ、ブナなどの木《き》の実《み》の総称《そうしょう》）と姿《すがた》がそっくりなコピトです。個体《こたい》によって、トウチンの形《かたち》はさまざまです。

トウチンの形《かたち》はさまざま。

ニセキグルミ

体長《たいちょう》4〜6㎝

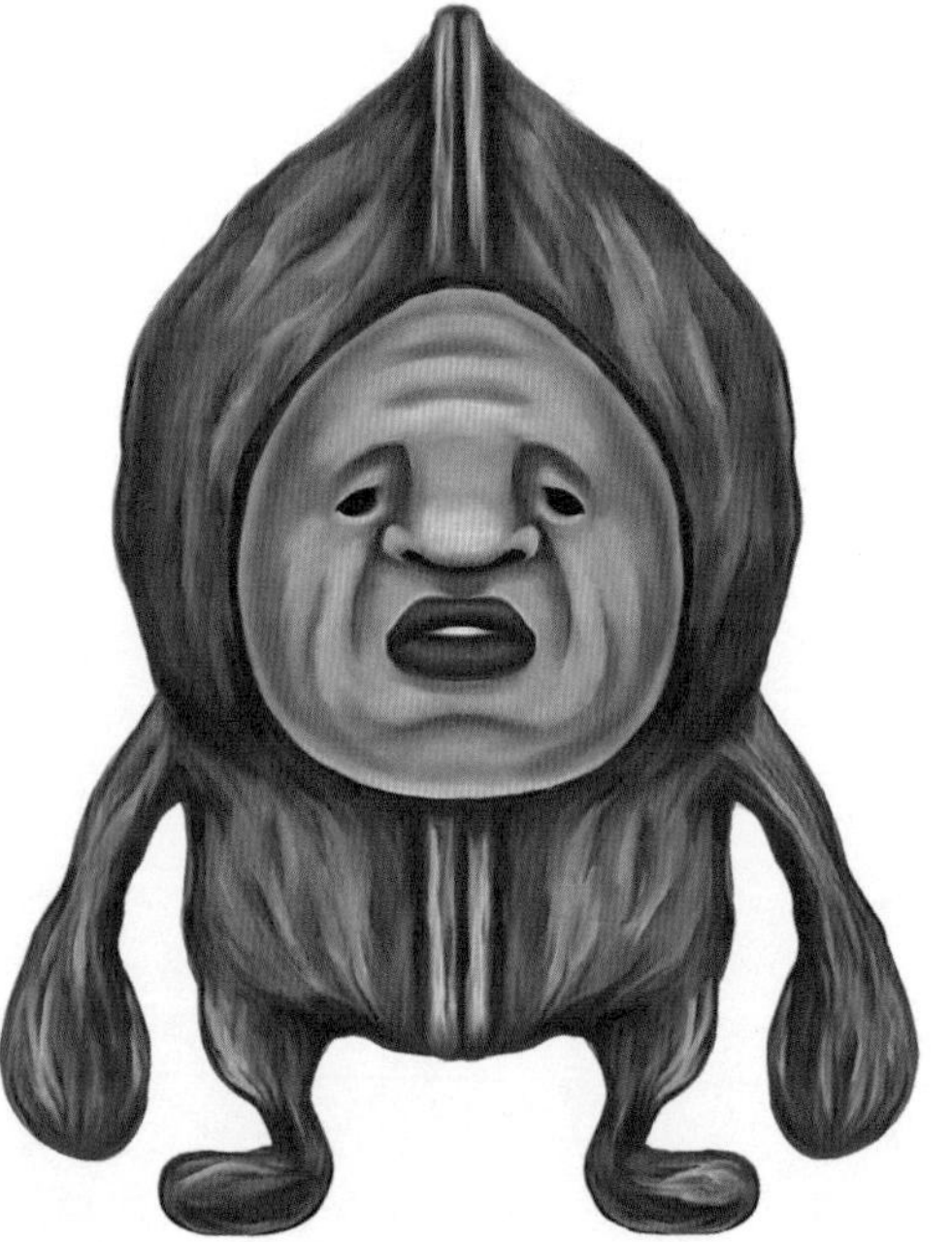

クルミの実《み》に似《に》せた姿《すがた》をしていますが、皮膚《ひふ》は柔《やわ》らかくしなやかです。ただし、硬《かた》い木《き》の実《み》をお尻《しり》で割《わ》って食《た》べるため、お尻部分《しりぶぶん》だけは異常《いじょう》なくらい硬《かた》いのが特徴《とくちょう》です。木《き》の実《み》の中《なか》でも、大好物《だいこうぶつ》なのはクルミの実《み》です。クルミを求《もと》めて里《さと》に下《お》りて来《く》ることもあります。カゾクグルミというコビトと似《に》ていますが、まったくの別種《べっしゅ》です。

硬《かた》い実《み》も、尻《しり》で解決《かいけつ》！

アブラサン

体《たい》長《ちょう》3cm

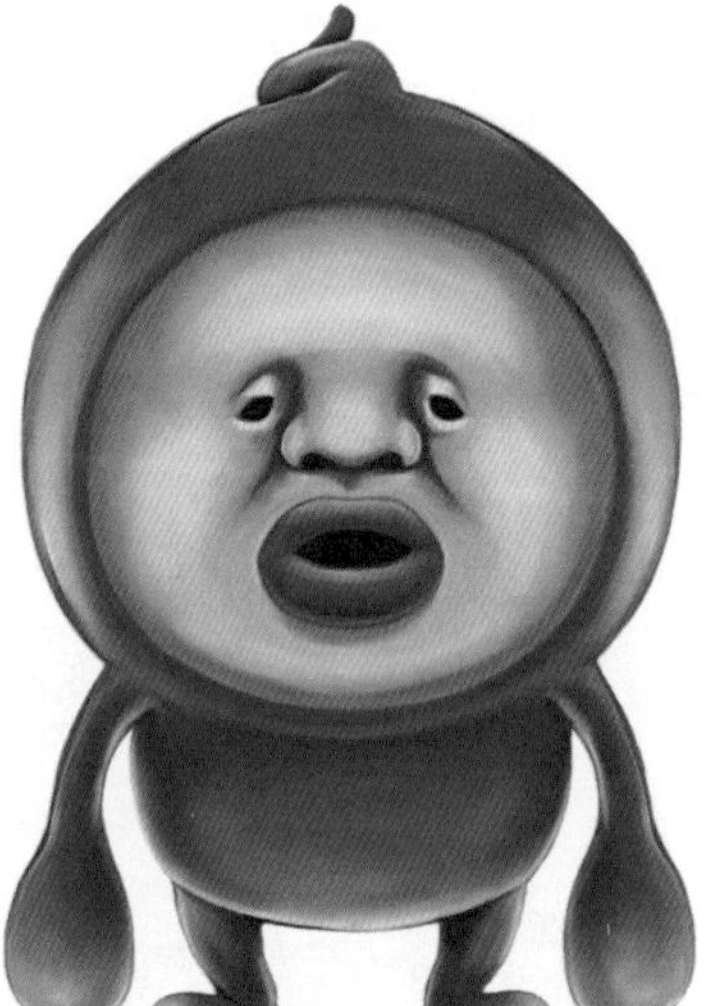

アブラチャン（クスノキ科《か》の木《き》）の実《み》に似《に》ていますが、アブラサンはその倍《ばい》ほど大《おお》きいので、すぐに見分《みわ》けることができます。アブラチャンという変《か》わった名前《なまえ》は、木全体《きぜんたい》に油分《ゆぶん》が多《おお》いことに由来《ゆらい》しています。かつては燃料《ねんりょう》や灯油《とうゆ》、薪炭《しんたん》として利用《りよう》されていました。このコビトの体《からだ》から出《で》る液《えき》にも、良質《りょうしつ》の油《あぶら》が含《ふく》まれているといわれています。

体《からだ》から出《で》る液《えき》には、
良質《りょうしつ》の油《あぶら》が含《ふく》まれている。

ニセボックリ

体長《たいちょう》5～8㎝

マツの木《き》にせいそくし、松《まつ》ぼっくり（マツの実《み》。マツカサともいう）とそっくりな姿《すがた》をしています。地面《じめん》でうずくまっていることもあるので、松《まつ》ぼっくりとまちがえて拾《ひろ》ってしまうこともあるかもしれません。怒《おこ》ると、トウチンを開《ひら》いて威嚇《いかく》します。

威嚇《いかく》するニセボックリ。

ユキオトコビト

体長《たいちょう》25〜30㎝（トウチンは含《ふく》まない）

寒《さむ》い地方《ちほう》の山岳地帯《さんがくちたい》にせいそくし、冬《ふゆ》にだけ現《あらわ》れます。雑食《ざっしょく》で大食漢《たいしょくかん》。木《き》の芽《め》、木《き》の皮《かわ》、枯《か》れ草《くさ》、雪《ゆき》や土《つち》など、あらゆるものを口《くち》にします。ユキオトコビトは、とても暑《あつ》さに弱《よわ》いコビトです。雪解《ゆきど》けが終《お》わるころになると、山《やま》の斜面《しゃめん》などにある涼《すず》しい岩《いわ》のすき間《ま》に入《はい》り、再《ふたた》び冬《ふゆ》になるまで夏眠《かみん》するのです。

夏眠《かみん》に入《はい》る前《まえ》は、全身《ぜんしん》の毛《け》が抜《ぬ》ける。
そして冬《ふゆ》に近《ちか》づくにつれ、再《ふたた》び毛《け》におおわれる。

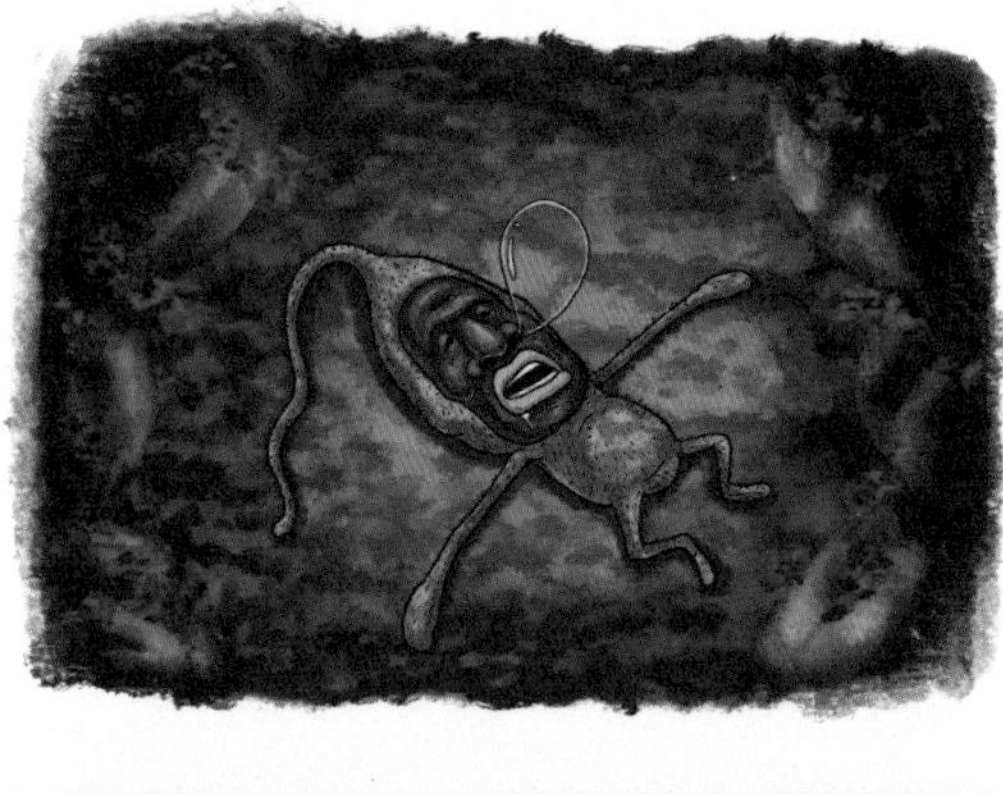

ツラレツララ

体長《たいちょう》25㎝

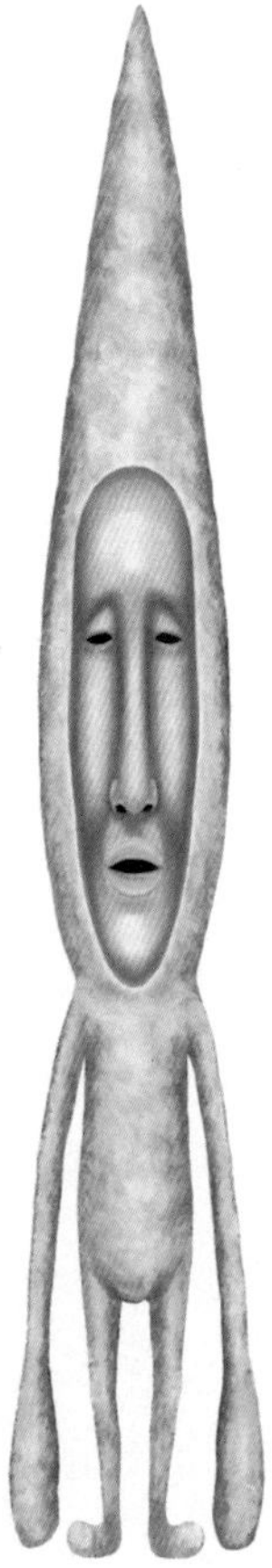

寒《さむ》い地方《ちほう》に住《す》み、冬《ふゆ》にしか姿《すがた》を見《み》せません。氷柱《つらら》になりすまし、逆《さか》さになってぶら下《さ》がっています。トウチンの表面《ひょうめん》から特別《とくべつ》な液体《えきたい》をにじませ、ポタポタとしずくを落《お》とす習性《しゅうせい》があります。一説《いっせつ》によると、このしずくを求《もと》めてユキオトコビトがやって来《く》るといわれています。洞《どう》くつにくらすタレショウニュウ（150ページ参《さん》照《しょう》）と同《おな》じなかまという説《せつ》もあります。

このしずくには、ユキオトコビトにとって必要《ひつよう》な栄養《えいよう》が含《ふく》まれているようだ。

トウジユノモト

体長《たいちょう》15〜20㎝

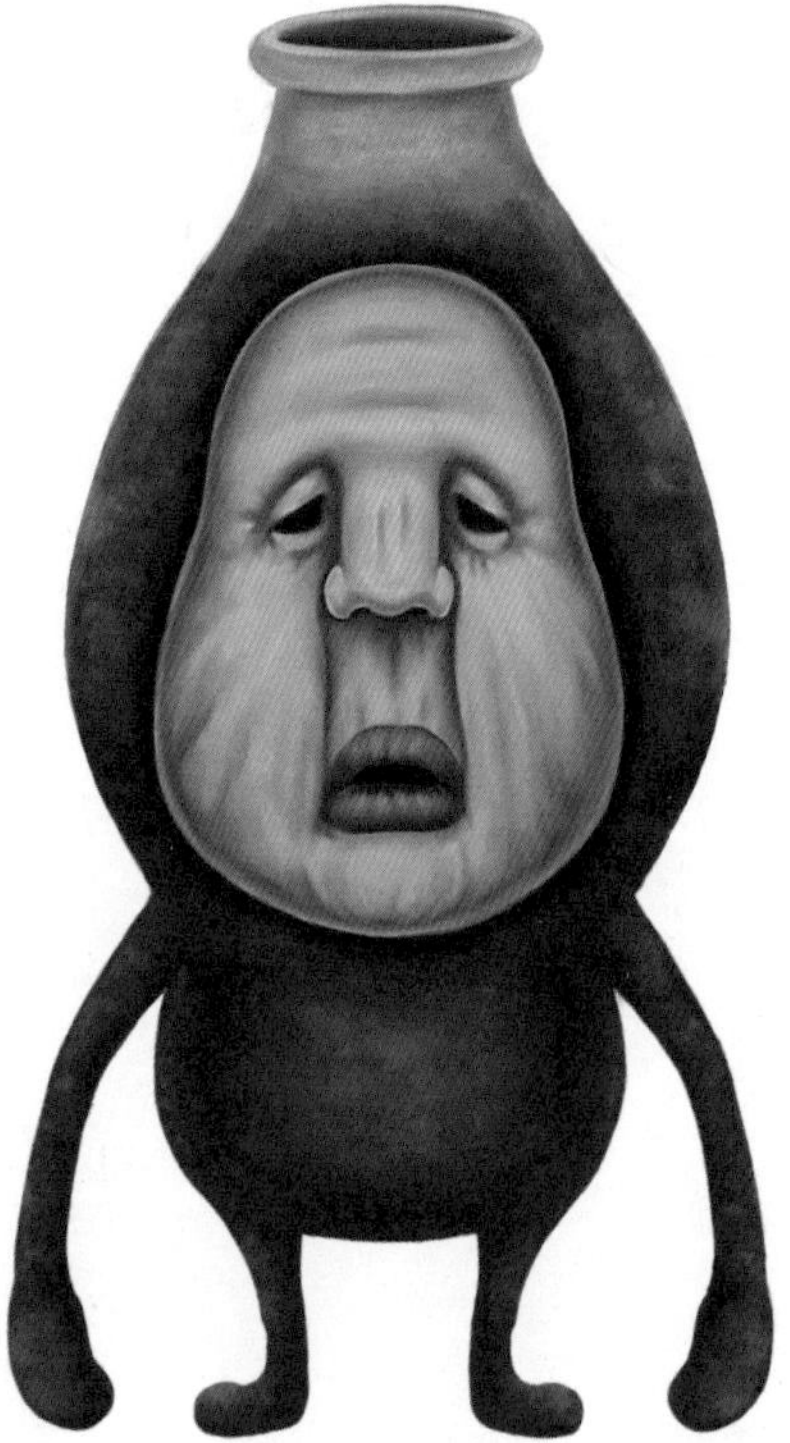

温泉《おんせん》のわき出《で》る場所《ばしょ》に現《あらわ》れます。お湯《ゆ》につかるのが大好《だいす》きで、体《からだ》が温《あたた》まるとトウチンから3本《ぼん》の突起物《とっきぶつ》を立《た》て、「ユノモト」といわれる特別《とくべつ》な成分《せいぶん》を放出《ほうしゅつ》させます。このユノモトが溶《と》けこんだ温泉《おんせん》は、その効能《こうのう》がいちだんと高《たか》くなるといわれています。

ユノモトの成分《せいぶん》は、まだわかっていない。

タケノコビト（タケノカグヤのヨウニン期）

体長《たいちょう》15cm

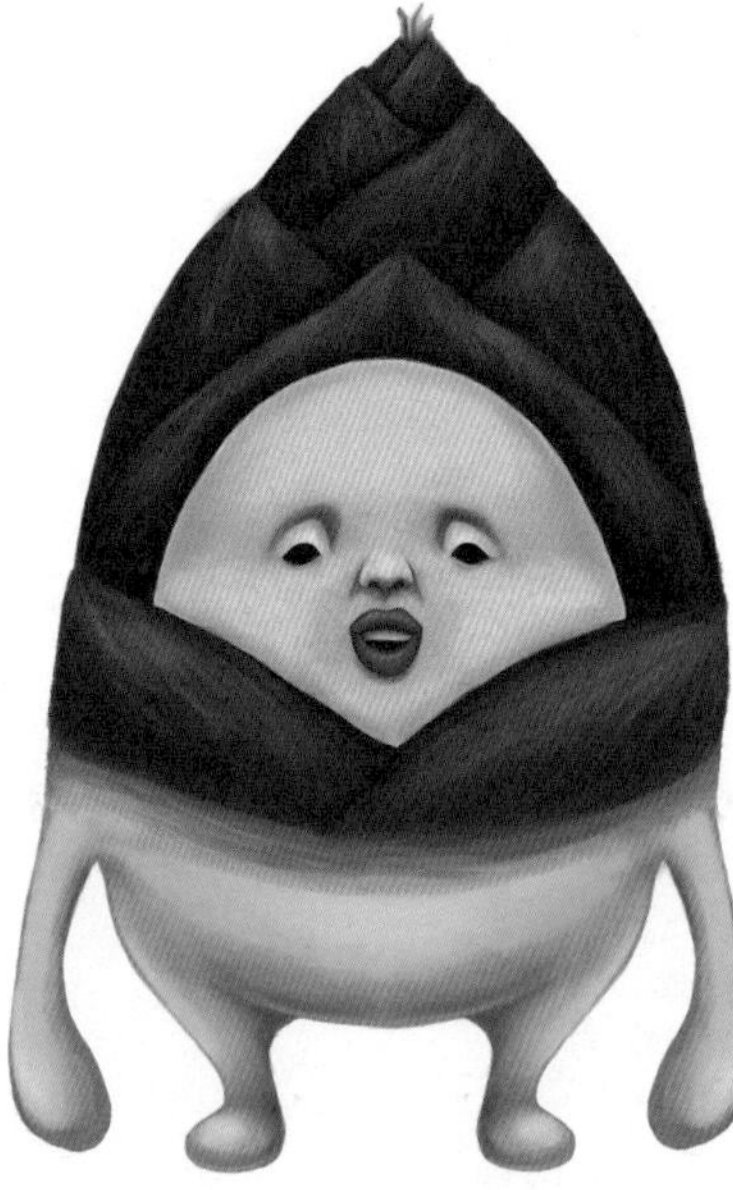

タケノカグヤ（次《じ》ページ参照《さんしょう》）の子《こ》ども時代《じだい》を、タケノコビトと呼《よ》びます。とても好奇心旺盛《こうきしんおうせい》で、つねに竹林《ちくりん》の中《なか》を活発《かっぱつ》に走《はし》り回《まわ》り、じっとすることはほとんどありません。夜《よる》は土《つち》にもぐり、近《ちか》くのタケノコの養分《ようぶん》を吸《す》って栄養《えいよう》にしています。やがて大《おお》きくなるにつれ、土《つち》にもぐりがちになっていきます。おとなへと、成長《せいちょう》する時期《じき》をむかえるのです。

追《お》いかけっこも大好《だいす》き。

タケノカグヤ

体長《たいちょう》20～25cm

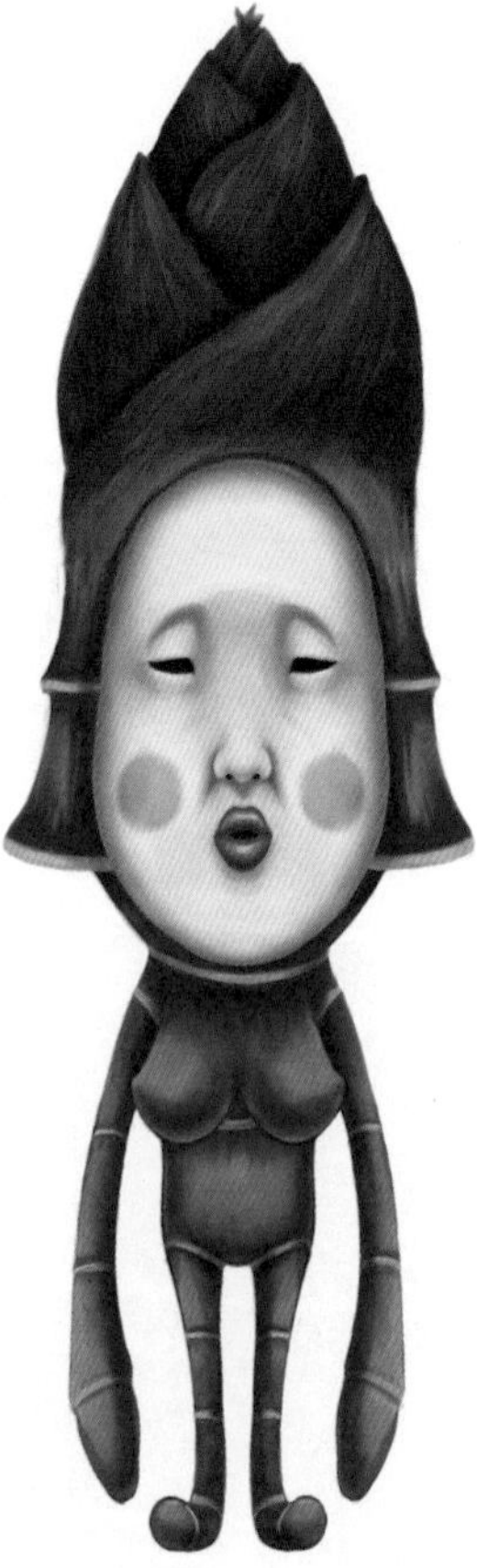

土《つち》の中《なか》でゆっくり成長《せいちょう》を遂《と》げたタケノカグヤは、地上《ちじょう》に出《で》るとこれと決《き》めた竹《たけ》の中《なか》にもぐりこみ、生涯《しょうがい》その中《なか》だけでくらします。これを「ニュウチク」といいます。ニュウチクされた竹《たけ》は、いっそう太《ふと》く育《そだ》ち、夜《よる》になると不思議《ふしぎ》な光《ひかり》を放《はな》つようになります。タケノカグヤは何《なに》も食《た》べず、竹《たけ》に栄養《えいよう》を与《あた》えつづけます。

むかし話《ばなし》の「かぐや姫《ひめ》」のモデルになったという説《せつ》も。

ソデノシダ

体《たい》長《ちょう》10cm（トウチンは含《ふく》まない）

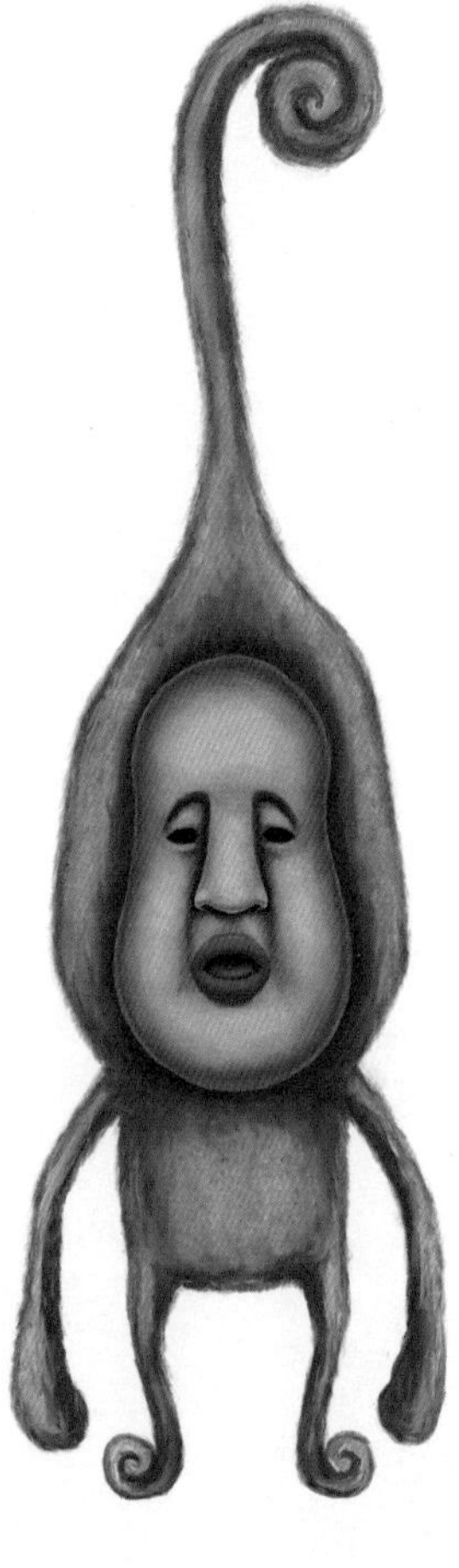

シダ植物《しょくぶつ》の生《は》えている場所《ばしょ》にせいそくしています。ソデノシダが住《す》みついた場所《ばしょ》では、シダ植物《しょくぶつ》の繁殖《はんしょく》が異常《いじょう》によくなるといわれています。一説《いっせつ》によると、ソデノシダは繁殖《はんしょく》の手伝《てつだ》いを行《おこな》うことで、その見返《みかえ》りにシダから何《なに》かを得《え》ているのではないか、と考《かんが》えられているのです。

シダの葉陰《はかげ》に隠《かく》れるソデノシダ。

オドシゴケ

体長《たいちょう》10㎝（トウチンは含《ふく》まない）

苔《こけ》むした場所《ばしょ》で、苔《こけ》を食《た》べてくらしています。性格《せいかく》はおくびょうで、ちょっとした音《おと》でも苔《こけ》の中《なか》に隠《かく》れてしまいます。時《とき》には大《おお》げさに現《あらわ》れ、敵《てき》が驚《おどろ》いている一瞬《いっしゅん》のすきをついて一目散《いちもくさん》に逃走《とうそう》をはかります。モリモリゴケ（132ページ参照《さんしょう》）とそっくりなことから、どちらかが変異《へんい》したのではないかという説《せつ》もあり、現在《げんざい》その研究《けんきゅう》が進《すす》められています。

身《み》をひそめて、飛《と》び出《だ》し、すきをついて逃《に》げる。
不意《ふい》をついて驚《おどろ》かせるこの一連《いちれん》の行動《こうどう》を「コケオドシ」という。

モリイキジビキ

体長《たいちょう》15〜18cm

倒木《とうぼく》や切《き》り株《かぶ》、朽《く》ち果《は》てた木《き》などの上《うえ》で、ただじっとして動《うご》きません。かなり長《なが》い年月《ねんげつ》を同《おな》じ場所《ばしょ》でたたずんでいると考《かんが》えられていますが、あまりに周囲《しゅうい》の環境《かんきょう》にとけこんでいるため、めったに会《あ》うことはできません。森《もり》で道《みち》に迷《まよ》った時《とき》、このコビトに出会《であ》えれば、帰《かえ》り道《みち》を教《おし》えてくれるといわれています。何《なに》を食《た》べているかは不明《ふめい》です。

道《みち》のある方向《ほうこう》を指《ゆび》さすモリイキジビキ。

オチバカゲロウ

体長《たいちょう》10cm

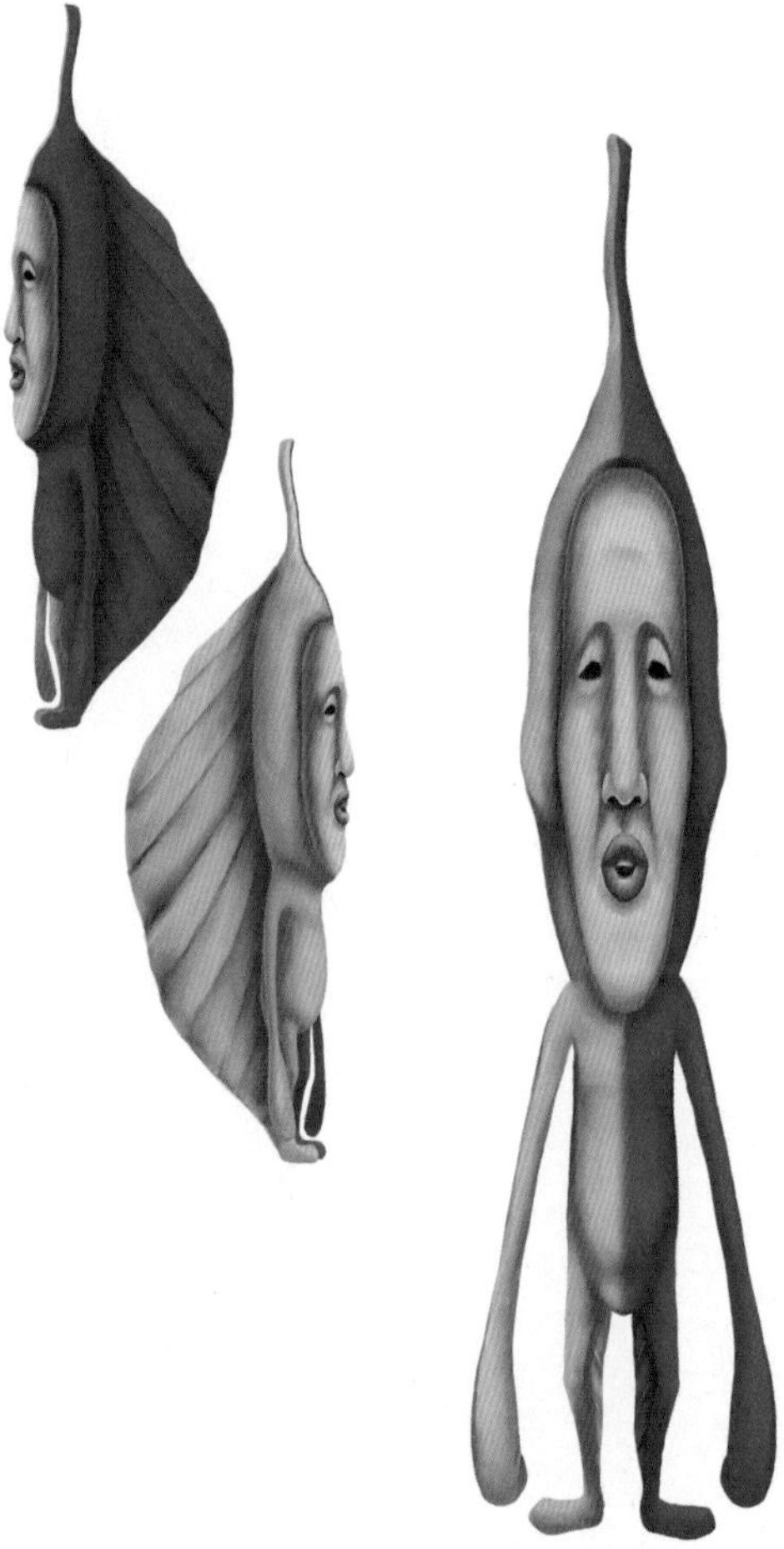

紅葉《こうよう》の季節《きせつ》に現《あらわ》れます。背中《せなか》には葉《は》っぱのような羽根《はね》がついています。昆虫《こんちゅう》のガのように羽根《はね》を広《ひろ》げてうつ伏《ぶ》せになると、まわりの落《お》ち葉《ば》とみごとに同化《どうか》してしまい、見分《みわ》けがつかなくなってしまいます。羽根《はね》を広《ひろ》げて滑空《かっくう》することはできますが、空《そら》を飛《と》ぶことはできません。食《た》べ物《もの》は不《ふ》明《めい》です。

木《き》の上《うえ》から舞《ま》い降《お》りて来《く》る。

オチエダフリ

体長《たいちょう》20〜30㎝

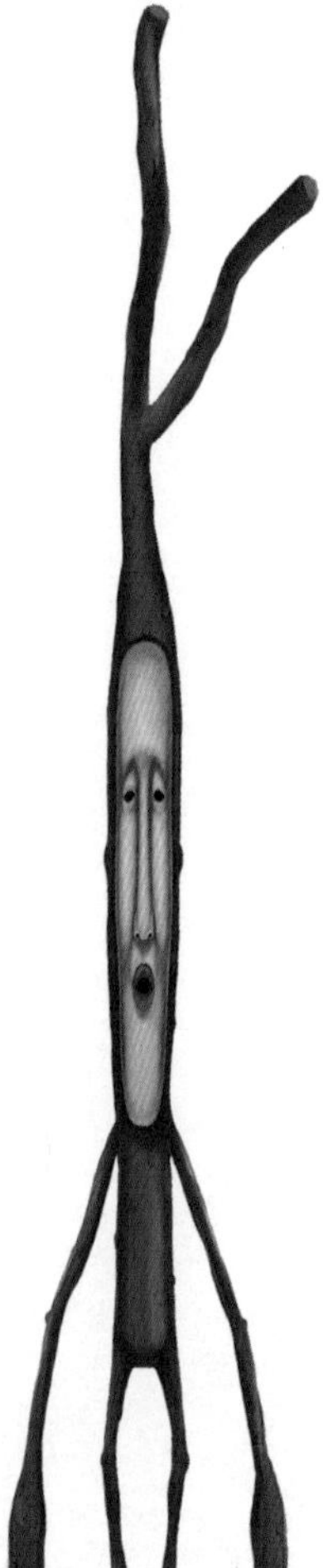

森林《しんりん》にくらす大型《おおがた》のコビトです。昆虫《こんちゅう》や木《き》の実《み》を探《さが》し、地面《じめん》を歩《ある》き回《まわ》っています。鳥《とり》や小動物《しょうどうぶつ》など外敵《がいてき》の気配《けはい》を感《かん》じると自《みずか》ら体《からだ》を硬直《こうちょく》させ、小枝《こえだ》に擬態《ぎたい》してしまいます。こうなると、もう他《ほか》の小枝《こえだ》と見分《みわ》けがつきません。

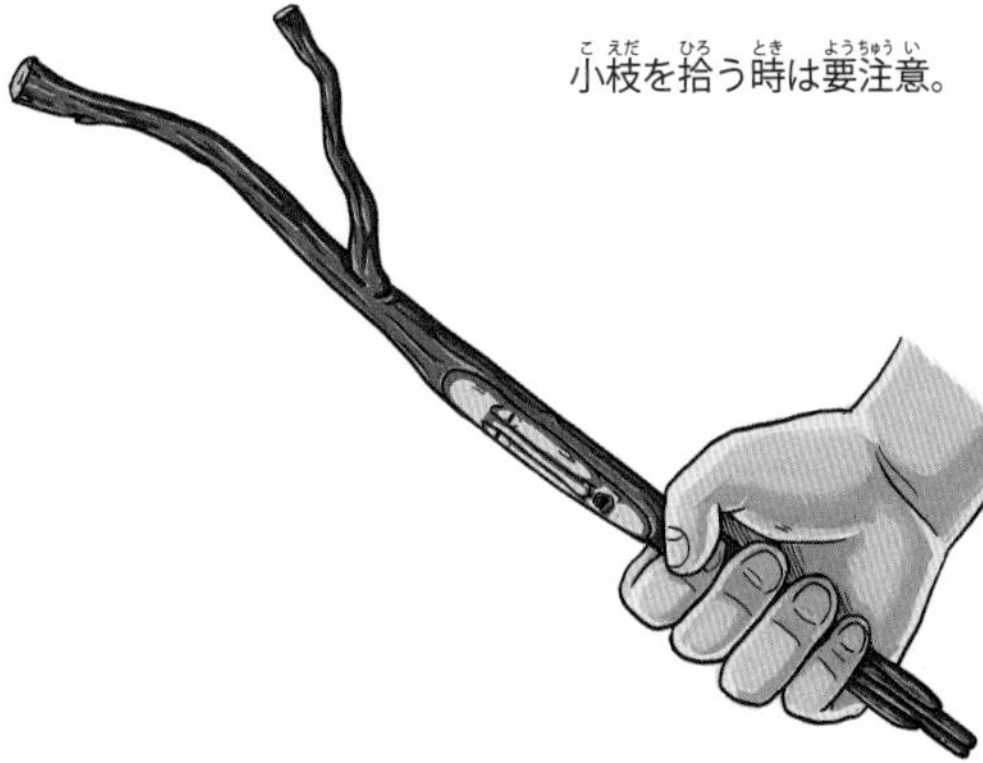

小枝《こえだ》を拾《ひろ》う時《とき》は要注意《ようちゅうい》。

ジュモクオシルシ

体長《たいちょう》20cm

切《き》り株《かぶ》や丸《まる》太《た》のような姿《すがた》をしています。枝《えだ》のようにつき出《で》たトウチンの先《さき》からは、ネバネバした汁《しる》をにじませています。この汁《しる》を頭《あたま》の上《うえ》でねり、粘《ねば》りを増《ま》してから木《き》の根《ね》に塗《ぬ》って回《まわ》ります。この汁《しる》におびき寄《よ》せられた昆虫《こんちゅう》を、ジュモクオシルシは捕《つか》まえて食《た》べるのです。木《き》の根元《ねもと》にベタベタの液体《えきたい》がついていたら、このコビトが近《ちか》くにいるかもしれません。

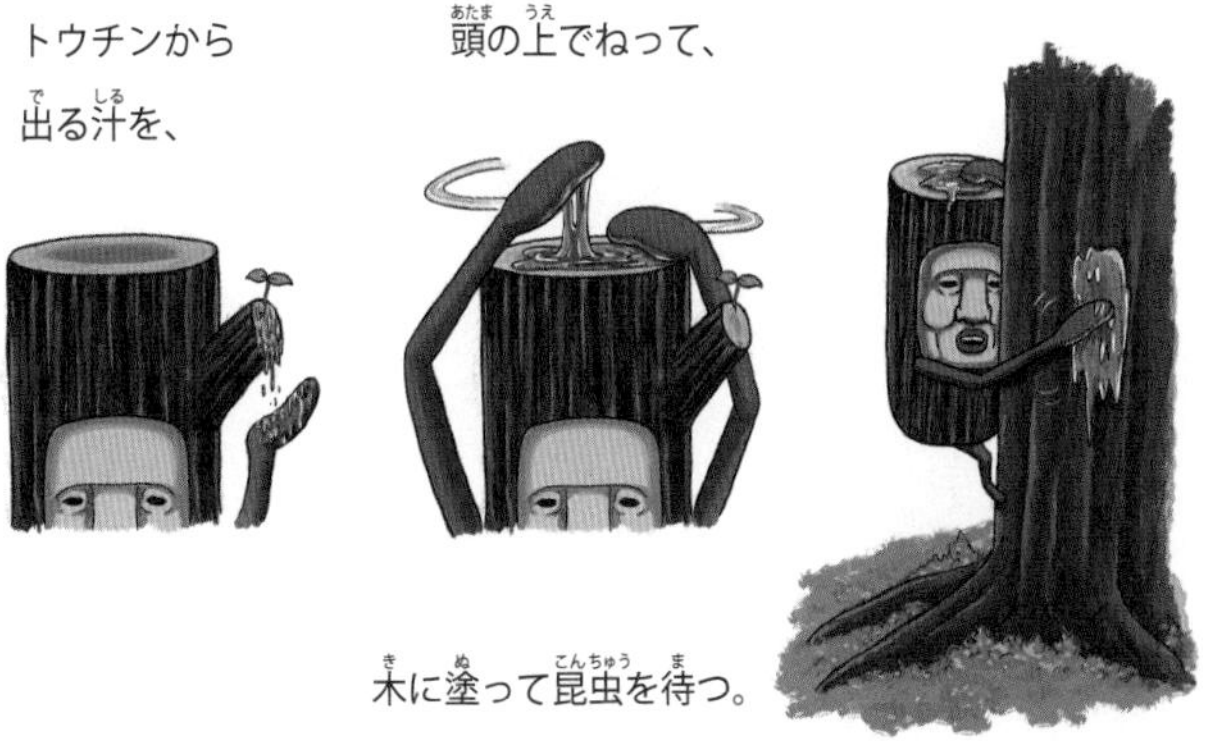

トウチンから
出《で》る汁《しる》を、
頭《あたま》の上《うえ》でねって、
木《き》に塗《ぬ》って昆虫《こんちゅう》を待《ま》つ。

ナキムシノネ

体長《たいちょう》15㎝（トウチンは含《ふく》まない）

二《ふた》つのトウチンをふるわせ、コオロギやスズムシに似《に》た音《おと》を出《だ》します。しかし、その音《おと》はやたらと大《おお》きく、とても風情《ふぜい》のあるものではありません。また虫《むし》の声《こえ》を真似《まね》て鳴《な》く時《とき》、目《め》から涙《なみだ》を流《なが》すといわれています。なぜ泣《な》くのか、その理由《りゆう》はわかっていません。何《なに》を食《た》べているのかも不明《ふめい》です。

音《おと》は異常《いじょう》に大《おお》きい。

ヤマモリグライ

体長《たいちょう》7㎝（トウチンは含《ふく》まない）

小《ちい》さな体《からだ》ですが、どう猛《もう》でかなりの大食《たいしょく》漢《かん》。昆虫《こんちゅう》、植物《しょくぶつ》と何《なん》でも食《た》べてしまいます。口《くち》と四《よっ》つのトウチンを使《つか》い、ありとあらゆるものを同時《どうじ》に食《た》べることができるのです。過去《かこ》にはとつぜん大量発生《たいりょうはっせい》し、森《もり》を枯《か》らしてしまったという事例《じれい》があります。キャンプなどでたくさんのゴミが捨《す》てられ、それが原因《げんいん》だともいわれています。ゴミの管理《かんり》には気《き》をつけましょう。

手《て》あたりしだい食《く》らいつく。

ヘコキフンガイ

体長《たいちょう》20㎝

山《やま》にせいそくしています。ふだんは大人《おとな》しいのですが、刺激《しげき》を与《あた》えるとトウチンから強烈《きょうれつ》ないやな臭《にお》いを放出《ほうしゅつ》します。また黒《くろ》い塊《かたまり》を噴出《ふんしゅつ》することもあり、周囲《しゅうい》の土壌《どじょう》に悪《わる》い影響《えいきょう》を及《およ》ぼしてしまいます。ヘコキフンガイが、どこに隠《かく》れているかわかりません。登山《とざん》やハイキングの時《とき》は、大声《おおごえ》で騒《さわ》いだりしないように心《こころ》がけましょう。食《た》べ物《もの》は不明《ふめい》です。

怒《おこ》って強烈《きょうれつ》な臭《にお》いを放《はな》つ。

怒《いか》りが最高潮《さいこうちょう》に達《たっ》すると、
黒《くろ》い塊《かたまり》を出《だ》す。

ヒトクズミヤゲ

体長《たいちょう》18㎝（トウチンは含《ふく》まない）

山《やま》のどこにいるのか、何《なに》を食《た》べているのかなど、くわしいことはわかっていません。トウチンの先《さき》がトングのようになっていて、いろんなものをつまみ上《あ》げることができます。最近《さいきん》の調査《ちょうさ》では、夜《よる》にキャンプ場《じょう》などに現《あらわ》れてゴミをもち去《さ》り、山《やま》のあちこちに捨《す》ててしまうことがわかってきました。山《やま》でのゴミの管理《かんり》には、じゅうぶんに気《き》をつけてください。

拾《ひろ》ったゴミは、体《からだ》に付着《ふちゃく》させてもち去《さ》る。なぜゴミを山《やま》に捨《す》てるのか、理由《りゆう》はわかっていない。

オニモモズキ

体長《たいちょう》20㎝（トウチンは含《ふく》まない）

山奥《やまおく》にくらし、群《む》れで行動《こうどう》しています。主《おも》に木《き》の葉《は》を食《た》べ、おくびょうな性格《せいかく》なのですが、桃《もも》を食《た》べるとなぜか体《からだ》に斑点《はんてん》が現《あらわ》れて、気《き》が荒《あら》くなってしまいます。かつて、まちがえて里《さと》に迷《まよ》いこんだ群《む》れが、桃園《ももえん》の桃《もも》を食《た》べ凶暴化《きょうぼうか》してしまったという例《れい》が報告《ほうこく》されています。

ふだんは、ひっそり木《き》の葉《は》を
食《た》べているのだが……、

オニモモズキ襲撃事件《しゅうげきじけん》

里《さと》の桃園《ももえん》は、記録的《きろくてき》な豊作《ほうさく》になった。

その桃《もも》の香《かお》りが風《かぜ》に乗《の》って山《やま》に流《なが》れ、

オニモモズキたちを一変《いっぺん》させてしまった。

桃《もも》をめがけて群《む》れで押《お》し寄《よ》せ、

次《つぎ》つぎと禁断《きんだん》の果実《かじつ》を口《くち》にした。

こうなると、もう歯止《はど》めがきかず……、

またたく間《ま》に、すべての桃《もも》が食《た》べつくされてしまったのだ。

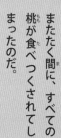

ダマシエサトリ

体《たい》長《ちょう》5〜8㎝（トウチンは含《ふく》まない）

ツバメ型《がた》

鳥《とり》の巣《す》にまぎれこみ、ひなになりすまして親鳥《おやどり》からちゃっかりエサをもらいます。他《ほか》のひなたちが巣立《すだ》ってしまっても、しばらくの間《あいだ》はひなを演《えん》じつづけていますが、親鳥《おやどり》に気《き》づかれそうになると他《ほか》の巣《す》へ移動《いどう》します。

寄生《きせい》する巣《す》によって、体《からだ》の模様《もよう》を変化《へんか》させる。

メジロ型《がた》　シジュウカラ型《がた》　スズメ型《がた》

コリスナリスマシ

体長《たいちょう》8㎝（トウチンは含《ふく》まない）

リスと共同《きょうどう》生活《せいかつ》をするモクモドキオオコビト（14ページ参照《さんしょう》）を、まんまとだましてしまうコビトです。子《こ》リスの匂《にお》いを出《だ》してモクモドキオオコビトを誘惑《ゆうわく》し、いっしょにくらすように仕向《しむ》けます。また、すでに巣《す》にリスがいる場合《ばあい》、モクモドキオオコビトの留守《るす》を狙《ねら》ってリスを追《お》い出《だ》し、ちゃっかり入《い》れかわってしまいます。

先住《せんじゅう》のリスを追《お》い出《だ》し巣《す》を乗《の》っとり、

リスになりすまして、

かわいがられる。

サルニコシカケ

体長《たいちょう》15〜20㎝（トウチンは含《ふく》まない）

ニホンザルの出産《しゅっさん》の時期《じき》に現《あらわ》れて、子《こ》ザルの双子《ふたご》になりすましてしまいます。ほんとうの子《こ》どもが成長《せいちょう》し親離《おやばな》れをしたあとも、サルニコシカケはいつまでも母《はは》サルに甘《あま》えてくらします。

一生甘《いっしょうあま》えてくらす。

ゴエンモン

体長《たいちょう》20㎝（トウチンは含《ふく》まない）

ニホンザルの群《む》れに混《ま》じってくらしています。長《なが》いトウチンは、先端《せんたん》が二《ふた》またに分《わ》かれていて、木《き》の枝《えだ》につかまったり木《き》の実《み》をむくなど、手《て》のように器用《きよう》に使《つか》うことができます。額《ひたい》には幸《しあわ》せの紋章《もんしょう》「コウモン」があり、目撃《もくげき》すると出会《であ》いや良縁《りょうえん》に恵《めぐ》まれるといわれています。

器用《きよう》にトウチンを使《つか》う。

長《なが》いトウチンは、ふだんは頭《あたま》に巻《ま》いている。

さくいん

山《やま》や森林《しんりん》のコビト一覧《いちらん》

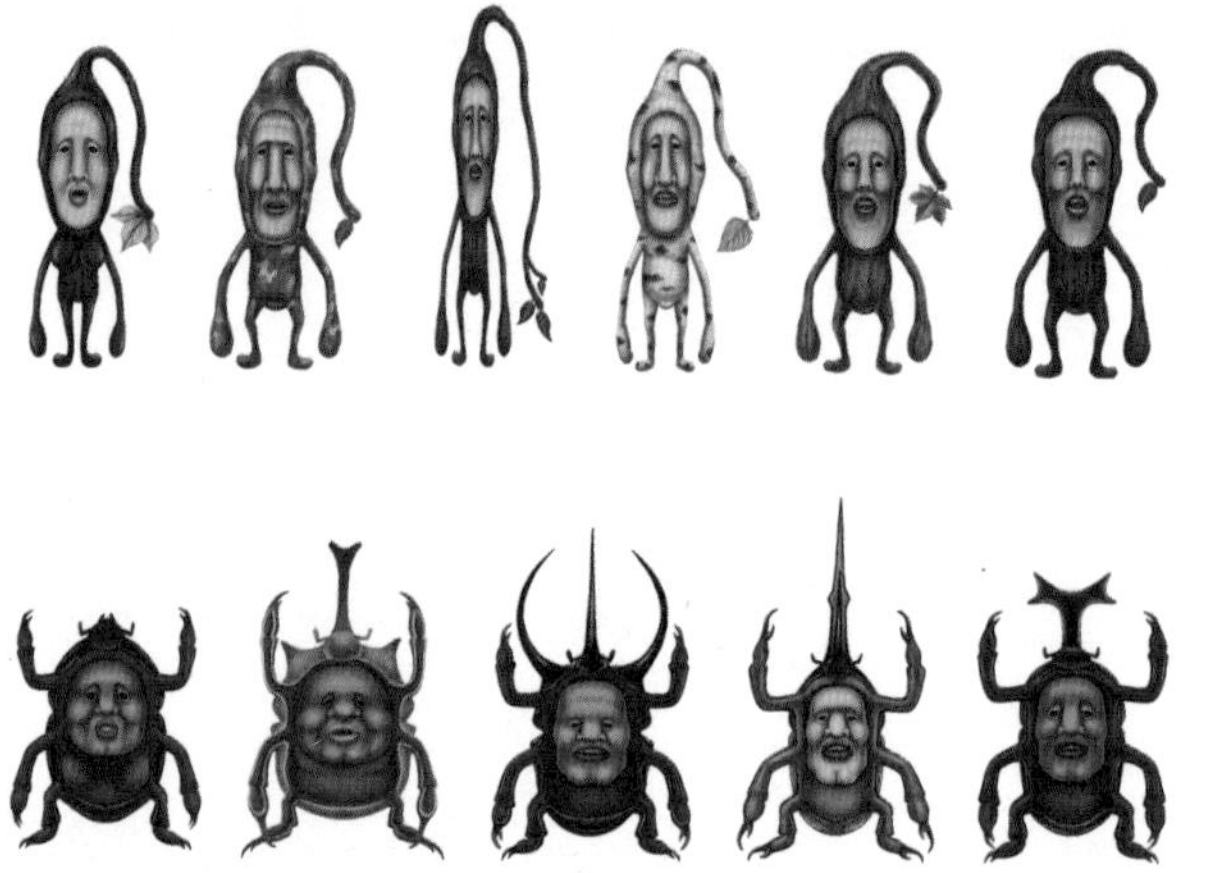

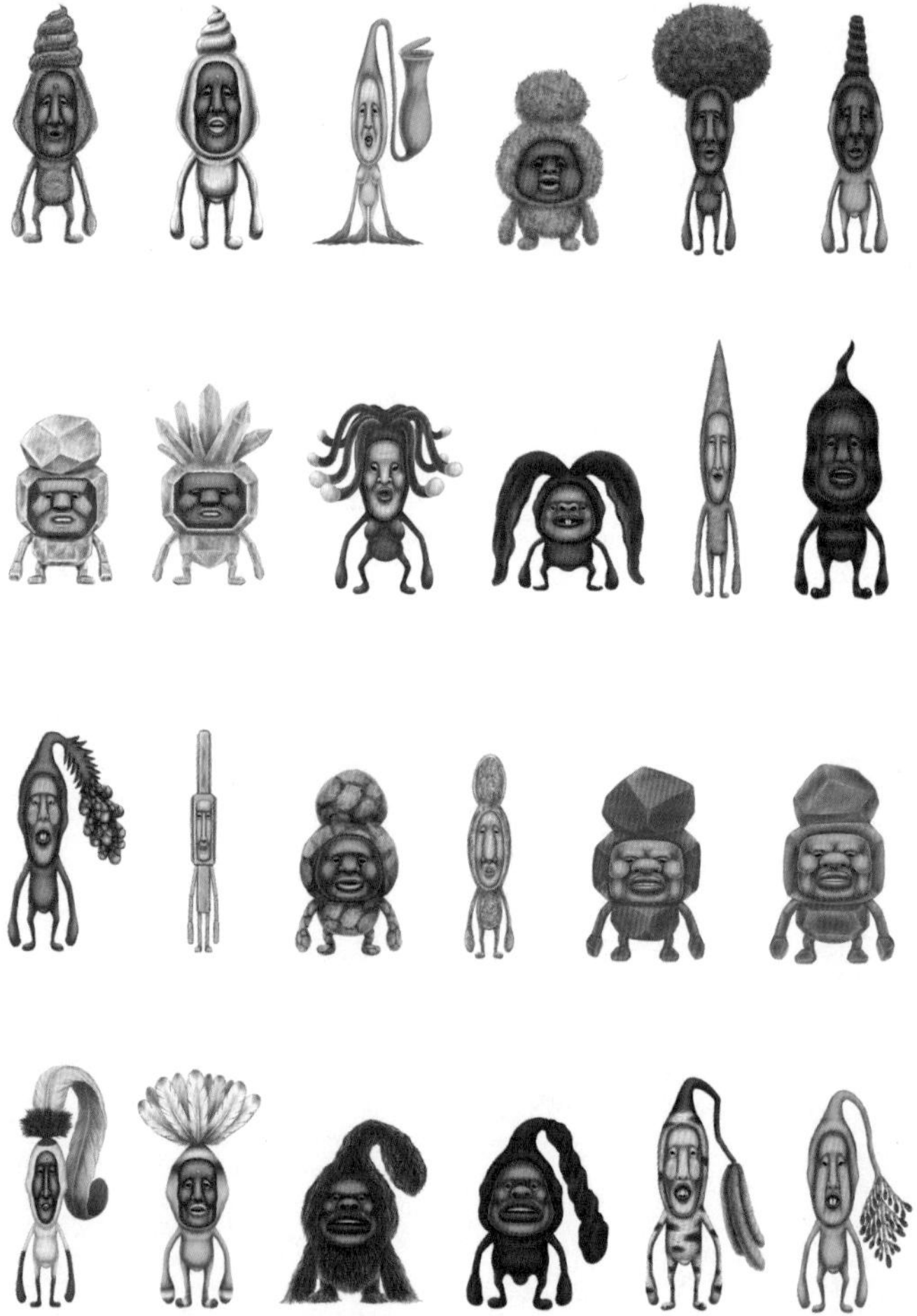

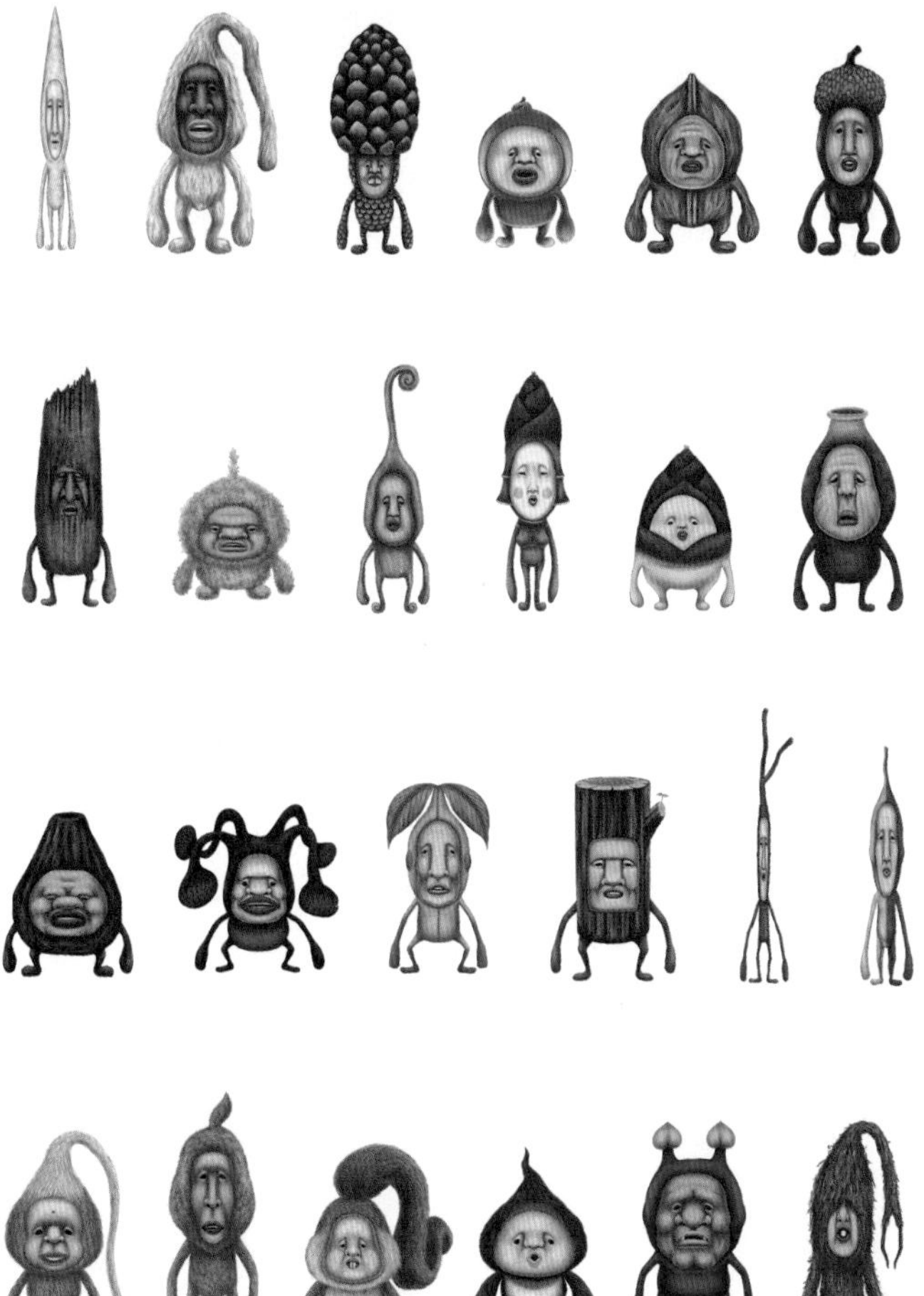

コビトのことをもっと知《し》るための本《ほん》

びっくり観察フィールドガイド

こびと大百科 増補改訂版

カクレモモジリ、ホトケアカバネ、クサマダラオオコビト、ベニキノコビトなど、人気のコビトたちが大集合。楽しい生態を写真で解説した入門書です。

(A5並 136頁・定価：本体 1500円＋税)

コビト観察入門 1 増補改訂版

捕まえ方から飼い方まで

コビトをおびき寄せ、捕まえるにはどうすればいいのでしょう？わなの作り方から飼育方法を写真で解説した、観察のための実践的な攻略本です。

(A5並 136頁・定価：本体 1500円＋税)

新種発見！

こびと大研究

ユニークな生態や能力のあるコビトたちを写真で解説します。自然や動物についてなど、コビトにまつわるいろんな知識もつまったためになる研究書です。

(A5並 132頁・定価：本体 1500円＋税)

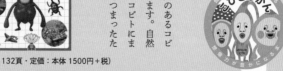

なばたとしたか

1977年、石川県生まれ。イラストレーター。2006年に初の絵本『こびとづかん』を発表し話題となる。主な作品に『みんなのこびと』、『こびと桃がたり』、『こびと大百科』、『こびと観察入門①』、『新種発見！ こびと大研究』、『こびと大図鑑』がある。その他の創作絵本に『いーとんの大冒険』、『犬闘士 イヌタウロス』がある。現在、金沢に在住。本の制作を中心に、映像、キャラクター制作と幅広く活動している。

こびとづかん公式ホームページ　https://www.kobitos.com/

おでかけポケット図鑑
日本のこびと大全　山や森林編

著　　者　なばたとしたか
2020年 11月 16日　初版第 1 刷発行
2024年　4月　6日　初版第 6 刷発行
発 行 者　関　昌弘
発　　行　株式会社ロクリン社
152-0004 東京都目黒区鷹番 3-4-11-403
電話 03-6303-4153　FAX 03-6303-4154
https://rokurin.jp

編　　集　中西洋太郎
デザイン　オーノリュウスケ（Factory701）※
印　　刷　日経印刷株式会社